「非モテ」からはじめる男性学

西井 開
Nishii Kai

a pilot of wisdom

はじめに

ずっと。ずっと重くのしかかっている。なぜ自分には恋人がいないのか。恋愛をしたい。セックスをしたい。恋人が欲しい。何気ない会話を女性としてみたい。それができない自分は、どこかに欠陥があるんじゃないか。人間として十分な基準を満たしていないんじゃないか。街を歩くカップルの姿が、マッチングアプリの広告がはるか遠くにある。それどころか、ここにたどり着けないお前は劣っているのだと、突き付ける脅しにさえ見える。焦りだけが募っている。もう、恋人をつくることでしか、自分の価値は証明できないのではないかと思う。

モテたい……。それを周りに言うと、「そんながっついてるからお前はモテないんだ」などと言われる。しかも困ったことに、実際に女性と関わる機会があったとしてもうまく身体《からだ》が動かない。どこからともなくいくつものまなざしが自分の身体を貫いて、ガチガチに固まってしまう。つばをうまく呑《の》み込めない。普段当たり前にしている呼吸さえもうまくできない。それを振り払うかのように、慣れない言葉を口から吐き出したり、無理に行動を起こしたりする。その言動を相手はどう思うか、相手にどういう影響を与えるかを想像する思考はすでにストップしていて、コントロールから離れてどうしようもない。その結果、多くの場合、相手は自分から離れていってしまう。時に明確な拒否を示されることさえある。あれだけ、あれだけ懸命に振り絞ったのに。それなのに。圧倒的な挫折感が心を包んで、それでまた、「自分は劣っている」というイメージだけが突き付けられていく……。

＊

一九九〇年代後半から「非モテ」という言葉がインターネットを賑《にぎ》わせてきた。この言葉は多くの男性を巻き込み、恋人がいない、女性から好意を向けられないといった苦悩が数多く発信されてきた。現在に至るまで「非モテ」という問題は多くの男たちをとらえて離さない。その力はあまりに強く、恋人ができないことに一部の男性は絶望と言っていいほどの苦悩を抱いている。異性愛男性が女性と付き合いたいと思うのは普通のことで、それができないことに苦悩を抱くのは当然だ、という意見もあるかもしれない。しかし、そんな単純な説明ができないほど、「非モテ」男性の苦悩は根深い。

この本は「非モテ男性はなぜモテないのか」の原因を解明するものではないし、またこの本を読めばモテるようになるということもない。「モテにこだわっているから苦しいんだ」などと啓蒙《けいもう》するわけでもないし、また読めば煩悩がなくなるということもおそらくない。ではなくて、一部の男性が「非モテ」という苦悩を抱くまでの過程や、苦悩の内実を描く内容になっている。

また書き進めるにあたって、筆者が参加している「ぼくらの非モテ研究会」（以下、非モテ研）というグループの実践を参照する。非モテ研は主に男性を対象とした語り合いグループで、私を含め、参加者たちは自身の経験を振り返りながら「非モテ」の苦悩について探求している。

そこで語られるのはモテない悩みや、より良いアプローチのあり方に留《とど》まらない。クラスでいじめられた被害経験、友人のいない孤独、親からの過干渉、表には出せない欲望、そしてストーキングなどの加害経験といった、あらゆる語りが「非モテ」というテーマを介して引き出される。

　こうした研究会の実践を通して、私はある疑問を抱くようになった。それは、本当に「非モテ」男性はモテないから苦しいのだろうか？　というものである。「非モテ」男性たちが苦悩を抱き、また女性に執着するようになるには、もっと複雑な背景があるのではないだろうか。

　本書では非モテ研に参加するメンバーそれぞれの体験や発見、学術的な知見、特にジェンダー研究を参考にしながらこの問いについて探求する。また「非モテ」をキーワードにさまざまな苦悩を抱える男性たちの体験世界を明らかにするという点において、ここで書かれている内容は男性学（studies on men & masculinities）としても位置づけられるだろう。同じ苦悩を共有する男性グループをフィールドとした臨場の男性学である。

　本書の構成を確認しておきたい。第一章では、ネット上の言説も含めこれまで展開されてきた「非モテ」論を追い、その限界と本書の目的を示した。第二章では本研究のフィールドである非モテ研のグループ構造について解説している。本研究の本筋にあたる「非モテ」男性の生活経験は第三章から第五章にかけて提示した。第三章では「非モテ」男性が自己否定的な感情を抱いている実情と、その背景にある男性同士の競争的な関係性について、また第四章では男性たちの女性への執着や加害と、その行動に影響を与える社会構造や社会言説について分析している。第五章では、男性を追い込んでいく共同性とそこから抜け出す実践について考察した。第六章でここまでの議論を総括し、社会学的な考察を加え、「非モテ」問題の核心と考えられる「男性集団内の周縁化作用」という概念を示した。また第七章では非モテ研を一つの実践論として読み解き、グループに参加する男性たちの変化にも焦点を当てた。補足的な内容として、本研究における私の立場と男性学における研究姿勢のあり方について、終章で考察を試みた。

また、本書では「非モテ」問題を男性に限定して論じている。もちろん「非モテ」は女性にも深く関わる問題であり、女性の「非モテ」について言及されている論考もある。しかし、「非モテ」はジェンダーアイデンティティによって意識や体験のされ方は大きく異なると予想されるため、本研究ではあえて男性にその対象を限定することで、男性の体験する「非モテ」を解明する。

後述するように、「非モテ」という現象は男性性をめぐる複雑な問題体系の結果として生じるものであり、ヘテロセクシュアル（異性愛）・シスジェンダー（性自認と出生時に割り当てられた性が一致している）でない男性たちの経験にも関連する。実際、非モテ研には同性愛男性やトランスジェンダーの男性（FtM）、さらにはアセクシュアル（性愛の対象となる性別のない人）の男性も参加している。参加男性たちの経験を追った第三〜第五章で言うと、第三、第五章で彼らを含む多くの男性たちに共通する経験が描かれている。一方、男性の執着や加害行動を描いた第四章では、その経験を語るのが異性愛男性に多いという理由から、異性愛男性の体験を中心とした描写になっている。結果的に偏りのある記述になったことをお許しいただきたい。

以上、本書は「非モテ」男性の生活経験を分析し、学問的に理論化することを主眼にしている。非モテ研メンバーの個々の体験や男性語り合いグループの実践方法などに関心のある方は、ぼくらの非モテ研究会編著『モテないけど生きてます』を参照されたい。

また、本書で記述する「非モテ」研究は、非モテ研のメンバーとともに進めたものではあるが、本書の文責は西井個人にある。

目次

第四章　女神への執着と非モテ ―― 99

図版作成／ＭＯＴＨＥＲ

第一章　「非モテ」とは何か

もしかしたら「非モテ」という言葉を初めて聞いたという人もいるかもしれない。「モテに非《あら》ず」。モテることのない、モテから疎外されることを「非モテ」と呼ぶ。しかしそもそも「モテ」とは何だろうか。

元は「もてはやされる」の略語であり、人気があること、派生して多くの女性から同時に言い寄られることがイメージされる。しかし冷静に考えて日常生活の中でそのような現象はほぼ起こらないし、恋人がいる状態や女性に好意を向けられることを指して多くの人が使っているかもしれない。

では「非モテ」はどうか。その言葉を聞いた時、延々と恋人のいない状態やそうした状態にある男性のことを思い浮かべるかもしれない。しかし仮に恋人のいない男性を想定したとして、恋人がいないことを全く気にせず楽しく日々を過ごしているとしたら、彼は「非モテ」と言えるだろうか？　一方で、結婚していても常に自分は女性から好かれない劣った人間だという不全感を抱え続けている男性もいる。

結論から言えば「非モテ」という言葉は意味の曖昧なまま使われている。この章では、「非モテ」について書かれた記事や書籍をたどりながら、その意味の変遷を追う。そして既存の「非モテ」言説の問題点を指摘しつつ、本書の目的を設定していきたい。

「非モテ」言説の変遷

「非モテ」がどのように語られてきたかを知る上で、オンラインコミュニティの存在を抜きにはできない。個人ブログや掲示板サイトで取り上げられることが多く、中には「非モテ」問題を徹底的に掘り下げた「非モテ論壇」と名指しされる書き手もいる。その書き手たちが編集した雑誌に「お茶の間を襲撃する非モテマガジン　奇刊クリルタイ」がある。「非モテ」をテーマとした記事や対談が収録されており、「非モテ」に関する歴史や議論が詳細に記されている。

「奇刊クリルタイ2・0」に掲載されている対談記事「インターネットと非モテと自意識と」によると、「非モテ」という言葉が初めてネット上に現れたのは、「ろじっくぱらだいす」というテキストサイト*1における一九九九年一一月の日記だという。この頃「非モテ」

は「みんながクリスマスなのに、一人だけどん兵衛食べてる」といったような、恋人がいない状態を笑い話にする、いわゆる自虐的なネタを表現するために使われていた。

二〇〇〇年代中頃、個人が自分の文章を掲載する個人サイトは、テキストサイトからブログへと移っていくのだが、それを境に「非モテ」は自虐ネタではなく、「アイデンティティ」を指すものとして語られ始め、その転換を象徴する出来事として、本田透の『電波男』[*2]の出版が挙げられている。

本田は『電波男』の中で、お見合い結婚のなくなった現代において恋愛は「自由競争」であり、「外見」「顔」「肉体」、そしてその代替物である「金」「地位」が大きな価値を持つとする。そのため外見がキモくモテない「キモメン」や、金のない「ニート」という特徴を持つ「恋愛弱者」は、何をやっても女性には「たどり着けない」、だからこそ二次元に活路を見出《みいだ》そうというのがその主張の骨子である。

本田はこのように「非モテ」の原因を個人の身体や経済状況に還元させ、個人の努力ではどうしようもできない事柄として位置づけた。他にもこうした「非モテ」を個人の属性や特徴に還元させる言説は多い。[*3]

「非モテ」を取り扱ったネット記事は大量に存在するが、可能な限り確認したところ、「体型管理ができていない」「清潔感がない」「ハゲ、薄毛・髪が長い、髪型が似合っていない」「オドオドしてる、落ち着きがない」「早口」「どもる」「相手の話を聞かない」「虚勢を張る」「真面目すぎて笑いがない」など、個人のパーソナリティや話し方にまで言及する内容も見られた。

さらに、二〇〇八年に秋葉原無差別殺傷事件を起こした加藤智大《ともひろ》の犯行の要因として、「非モテ」が関係していたという説がある。彼は自分のルックスに強いコンプレックスを抱えており、秋葉原に向かう前にウェブ上で「顔さえ良ければ彼女ができていたでしょうし、彼女ができていれば性格も歪んだいなかったでしょう（原文ママ）／普通に普通の仕事を続け、部屋と車を維持して普通の生活をしていたでしょうね／顔が全ての元凶です」といった投稿をしていたという。ここでもやはり「彼女がいない」ことを含む、自身の不遇がすべて個人の身体に帰属させられている。

こうした「非モテ」の意味合いの変化の果てに、同じく二〇〇〇年代中頃には、「真の非モテは誰か？」をめぐる議論がなされたという。「たとえ恋人がいなかったとしても○

〇でないと非モテとは言えない」といった形で、「非モテ」は恋人の有無という基準を超え、特定の特徴を持つ男性を指す言葉として限定的に使われるようになった。つまり、恋人ができないのは身体的欠陥や低い経済状態のせいだ、という論理はいつしか因果が反転し、身体的欠陥や低い経済状態にある者こそが「非モテ」だというロジックが導き出されたのである。

ラベル化された「非モテ」がもたらしたもの

以上のように、二〇〇〇年代のある時期から「非モテ」は、恋人がいない状態を自虐するための言葉ではなく、特定の身体的・性格的特徴を持っていたり、低い経済状態にある一部の男性の層をラベリングする言葉へと、その使用法が変遷してきたことがわかる。この「非モテ」というラベリングは二つの事象を引き起こした。

一つ目は「非モテ」の社会問題化である。例えば本田は、恋愛弱者を弱者たらしめ抑圧するものとして、社会に蔓延《まんえん》する「恋愛至上主義」を問題化した。この概念は、恋愛をしていることが人間にとって重要な価値を持つという思想のことで、本田は「テレビ局や広告代理店は、いまでも必死になって恋愛至上主義を叫び続け、俺に『人生の敗北者』という烙印《らくいん》を押しつけてくる」としている。また、二〇〇六年に登場する「革命的非モテ同盟」は恋愛至上主義を資本主義と紐《ひも》づけて批判し、毎年クリスマス、バレンタイン、ホワイトデーに一〇名から二〇名でデモを行い、「バレンタイン粉砕！」「恋愛資本主義反対！」と訴えている。*4

「非モテ」を弱者と位置づけて社会問題化する言説は、「非モテ」に恋人ができないのはその特性上どうしようもないことなので、「非モテ」の救済責任は他者が取るべきだという要求へと昇華した。例えば本田は「モテるイケメンが、『モテモテ税』を支払って社会に還元するべき」と訴えている。さらに「非モテ」をその苦悩から解放するためには、女性が「非モテ」と付き合うべきであるという言説も登場し、二〇一七年にはTwitter上で「恋愛弱者は女性と交際することができないのだから、強制的に女性を彼ら（私たち）と結婚させせろ」という「女をあてがえ論」が取りざたされた。

「非モテ」のラベリング化によってもたらされた事象の二つ目は、「非モテ」男性の弱者化である。「非モテ」というラベリングを採用することで、自分たちの抱える不遇の責任を社会や女性に還元することが可能になったわけだが、そのラベリングは、「非モテ」男性に自分はもう何をどうしても仕方ないという諦念や、自分は周囲に比べると劣っているという感覚をもたらすことになった。

それだけではない。その結果周囲の人間さえも、恋人のいない男性を馬鹿にする言葉として「非モテ」を使うようになった。もちろん、恋人のいない男性や、性経験のない男性を「恋人を獲得する能力のない者」として見下し貶《おとし》める風潮は「非モテ」という言葉が生まれる前から存在する。しかし「非モテ」という言葉の誕生により、よりインスタントに一部の男性を見下したり貶めることが可能になったと言える。つまり、「非モテ」男性は「非モテ」だから仕方ないという許しと諦めを手に入れると同時に、「非モテ」ゆえに他者から貶められるという立場を引き受けることになってしまったのである。

インセル問題について

「女をあてがえ」といったような、「非モテ」問題の原因を他者に還元して訴える過激な言説は、さらに女性蔑視を巻き込みながら表出されることがある。本論からは離れるが、その典型として英語圏の国々で問題になっている「インセル」について触れておきたい。「インセル」とは「involuntary celibate（不本意ながら独り身でいる者）」の略で、基本的にネットフォーラム「Incels.me」[*5]のユーザー男性を指す。「Incels.me」にはミソジニー（女性蔑視・嫌悪）、反フェミニズム的な言説が溢《あふ》れ、女性や「魅力的」な男性（normies）が欠陥のある嘆かわしいものとして描写されている。二〇一八年四月には、カナダのトロントで「インセル」を名乗る男性がトラックで歩行者に突っ込み、一〇人が死亡する事件が起きている。普段から女性蔑視的な内容を書き込んでいた容疑者は、事件直前Facebookに「インセルの反乱はすでに始まった！」「すべての『チャッド』と『ステイシー』を襲ってやる」と投稿していたという（「チャッド」はいわゆるモテる男性を、「ステイシー」は自分たちを受け入れない女性を指す）。

「Incels.me」内の言説分析を行った調査[*6]によると、ユーザーの多くが思春期の男性であり（ただし自己報告では二一〜三三歳）、その多くが孤独感を訴えているという。彼らは非常にネガティブなセルフイメージを持っており、他者と交流機会が少ない上に自身のキャリアに希望が抱けず、余暇の過ごし方としては、飲酒、ビデオゲーム、自慰行為、何もしない、などが語られていたという。中にはセルフネグレクトに至る者もおり、六カ月以上歯を磨かない、二週間に一度しかシャワーを浴びない、安楽死を願う、なども報告されている。

また、「インセル」の際立った特徴として、自己の身体に対するこだわりがある。彼らは顎の広さや鼻の形、体格、身長、性格、男性器のサイズに関する詳細な分類システムをつくり上げて自身の身体を計測し、自身がいかに劣っているか、性的魅力が欠如しているかを訴え、それを性的経験や社会的な交流の少なさの理由として説明するという。「インセル」の一部は過激化し、女性へのレイプやテロをほのめかしたり、扇動したりする者、実際に女性を脅迫する者もいるが、中には暴力、特に大量殺害に反対するユーザーたちの派閥があることにも注目する必要がある。

「非モテ意識」という視座

「非モテ」の意味に話を戻そう。これまで見てきたように、「非モテ」は恋人がいない状態を指し示す言葉から、特定の特徴を持つ男性を指すラベリングの言葉として、その意味が広がってきたが、さらに「非モテ」の意識や内面性にまで言及したものがある。「非モテ」の定義を明確にしようとした先行研究はいくつか存在するが、[*7]中でも森岡正博は「非モテ」に苦しむ男性の内面に目を向けた。[*8]森岡は「非モテ」を、

(1)「非モテ1」：いろんな女性からちやほやされたり絶対にしないこと、いろんな女性とエッチできないこと。

(2)「非モテ2」：自分の好きなひとりの女性から恋人として愛されないこと。

(3)「非モテ3」：自分はモテないんだ、という意識に悩まされ続けること。その意識が人格の重要な一部分になってしまうこと。

と整理し、非モテ意識に悩むということは「メルヘンチックな恋愛をしたいという願望を断ち切られ、好きな女性と結婚したいという願望を断ち切られ、女性を相手に自分の性欲を自力で満たしたいという願望を断ち切られ、それらすべてから疎外されることによって、自分の実存に大きな傷を負い、自分の人生がその傷を中核として回転していくような

状態に陥ってしまうこと」だとした。
また、著書の中で「非モテ」男性の苦悩に深く切り込んだ批評家の杉田俊介は、森岡の整理を継承しつつ、「非モテ3」を「『性愛的挫折（恋愛未経験／失恋を含む）』がトラウマ化し、あたかも人格の一部となって、常日頃から、非モテ意識に苦しめられ続ける状態のこと」とした。[*9]
さらに女性学者の上野千鶴子は、フェミニズムの視点から「非モテ」に悩む男性の内面を分析した。[*10] 上野は、男性によって構成される集団は、「女を所有する」性的主体でいて初めて一人前と認められるようなミソジニーを構成要素としているという、E・K・セジウィックのホモソーシャル理論を引き合いに、男性にとって「非モテ」とは、「女ひとりモノにできない」ことで一人前の男と見なされず、「ホモソーシャルな男性集団の規格からはずれることへの恐怖と苦痛」であるとした。

「非モテ」論の分類

さて、ここまでの「非モテ」に関する議論や定義を俯瞰《ふかん》すると、語られる次元がそれぞ

表1　「非モテ」の語られ方の差異

関係性の状態（state-in-relationship）としての非モテ	a.集合的関係（collective relationship）における非モテ	「いろんな女性からちやほやされたり絶対にしないこと」「いろんな女性とエッチできないこと」など
	b.個別的関係（singular relationship）における非モテ	「自分の好きなひとりの女性から恋人として愛されないこと」など
ラベリング（labeling）としての非モテ	「キモメン」「ニート」「オドオドしてる、落ち着きがない」「どもる」「虚勢を張る」などの特徴や傾向を持つ一部の男性を指す	
自己意識（self-conscious）としての非モテ	「自分はモテないんだ、という意識に悩まされ続けること」「ホモソーシャルな男性集団の規格からはずれることへの恐怖と苦痛」など	

れ異なっていることがわかる。分類してみよう。

まず、「恋人がいない」「セックスできない」など、女性との「関係性の状態」を指し示す群がある（「関係性の状態〈state-in-relationship〉としての非モテ」）。その中でも、複数人との集合的関係を求めているのか、特定の個別的関係を求めているのかという下位分類もできるだろう。森岡や杉田の定義する「非モテ1」「非モテ2」はここに当てはまる。

次に、本田に連なる「恋愛弱者論」などで使用されたような、「非モテ」を一部の男性に対するラベルとして用いる用法がある。これを「ラベリング（labeling）としての非モテ」と呼ぼう。最後に、森岡や杉田の言う「非モテ3」や上野の分析は、モテないことで生じる「自己意識」を指していることがわかる（「自己意識〈self-conscious〉としての非モテ」）。

前述した「真の非モテ論争」はこうした「非モテ」の定義のズレから起こったと言えるかもしれない。しかし「非モテ」は元来非常に多義的で曖昧な言葉なのである。

これまでの「非モテ」論の限界と本書の狙い

以上、これまでの「非モテ」論の整理と分類を試みた。登場してから二〇年以上もの間、「非モテ」論は主にネットを中心として議論と考察が繰り返されてきた。その蓄積に敬意を払うと同時に、私は「非モテ」論が限界に立たされているとも感じている。それは、これまで見てきた「非モテ」論の多くが「モテない」こと、つまり恋人がいないことや女性から好意を向けられないことが問題の核心であるという前提に立っているという点にある。

本田が論じたような恋人がいない人間を抑圧する社会の風潮の存在は無視できないが、「非モテ」男性の抱く苦悩がその風潮によってだけもたらされているとは思えない。また、性愛を断ち切られたことによる実存的な傷を強調した森岡や、ホモソーシャル集団の規格から外れる恐怖に着目した上野は、「非モテ意識」がどれだけ深刻かということや、なぜモテないことが苦しさを生み出すのかという点について考察しているものの、モテないことが苦悩を生み出しているという単線的な因果論に陥っている。言ってしまえば、自身の苦悩を「非モテ」という問題として発信する男性たちの声を、森岡や上野は素直に受け取りすぎている。

果たして本当に「非モテ」男性はモテないから苦しいのだろうか。時に暴力にまで走ってしまうほどの苦悩の説明を「モテない」という状況にだけ求めてしまっていいのだろうか。本書で問おうとするのはここである。

ところで杉田は『非モテの品格』の中で、性愛的挫折がトラウマのように残り続ける原因として、非正規雇用の問題や男性がケアから疎外されている現象が背景にあることを指摘している。また、本田は恋人のいない苦痛を中心的に論じているが、婉曲《えんきょく》的に経済格差やルッキズム（外見や容姿に基づく差別）の問題を示唆している。

つまり、この「モテない」という声を上げる個人の苦悩は、実は恋人がいないという状態や挫折に限らず、あらゆる事象が絡み合って生起しているのではないか。「非モテ」という問題はただ表層として現れただけであって、その奥深くには、男性をめぐるさまざまな問題体系が潜んでいるのではないか。「モテない→苦しい」という単純な因果論から抜け出すためには、多様な角度から「非モテ」男性の世界を分析する必要がある。

本書では、以上の仮説を念頭に置きつつ、「非モテ」男性が抱く苦悩に着目した「非モテ」論の再構築を試みる。そのために、既存の言説に縛られることなく「非モテ」に悩む男性たちの生の語りに焦点を当てながら、苦悩の内実や、苦悩の背景にある複雑なメカニズムを見つめていこうと思う。

また、「非モテ」研究を通して見えてきた、苦悩との付き合い方についても提示したい。「非モテ」の苦悩からの解放についてオンライン上でこれまで膨大な議論が積み重ねられてきたが、「非モテ」男性の苦悩の原因は「モテない」ことにあるという前提でなされているがために、結局のところ恋人をつくるか、別に没頭できるものを見つけるか、意識を変えるかという以上の発展を見せていない。もちろんこれらのアプローチで苦悩から解放されたという男性もいるだろう。しかし、これらの実践は個人の力で行うにはハードルが高い上に、自助努力だけにすべて負わせるきらいがある。本書を通して、「非モテ」男性が過度な自己否定や、他者への暴力に走らず生き延びる方法や、社会的なサポートの可能性も模索してみたい。

第二章　「ぼくらの非モテ研究会」

「非モテ」に悩む男性たちの生の語りをもとにした議論を進めるにあたり、まずその語りが生まれる「ぼくらの非モテ研究会」について、立ち上げの経緯や活動内容、グループの構造などを本章では紹介したい。

私と「非モテ」研究

元々男性問題に関心のあった私は、入学した大学院で男性研究をしようと考えていた。その時着目したのが、多くの若者男性たちが「モテない」という苦しみを発信している現象だった。「非モテ」という悩みを掘り下げることを通して、現代男性が抱える問題の一端を明らかにできるのではないかと考えたのである。

そして何より私もその苦しみに囚《とら》われてきていた。恋人がいないことを過剰に気に病み、女性に執着するふるまいを何度もしてきた。「セックスしたい……」という言葉が無意識に口からこぼれ落ちたことが数えきれないほどある。成長するとともに恋人もできたし、いろいろな考えを身につけることで収まってはきたが、その苦しみはふとした拍子に顔を出すことがあった。突如たまらなく異性への欲求を抱くのである。「非モテ」という問題について、自分の中に未処理の部分がある……。これを自分の研究テーマとして俎上《そじょう》に載せ、改めて客観的に見てみようと考えたのだった。

男性の語り合いグループ

また、私は研究とは別に「男性たちが男性の問題について語り合う場を開く」ことを目的とした任意団体 Re-Design For Men を主催し、男性の語り合いグループを実践していた。このグループは、男性が主体的に男性の問題を考える「メンズリブ」という一九九〇～二〇〇〇年代に隆盛した活動を下敷きにしており、男性同士で自分の抱える悩みや愚痴を何気なく吐き出せるコミュニティとして設定していた。

実践を通して気づいたのは、グループだからこそ語られる経験があるということだった。他の参加者に発言を否定されない、さえぎられないというルールを設定していると、普段は話さないようなエピソードや気持ちが語られることがある。こうした個人の内面性を伴った語りと、それが聞き入れられるという事実は、グループに安心感をもたらし、他の参加者も多様なエピソードを語るようになる。普段の生活の中で通り過ぎていってしまう違和感や気がかり、忘れたままにしていたことも、グループという形でならば語り出される。

こうした経験も踏まえて、私は「非モテ」の苦悩を研究するために共同研究者を募り、グループによる語りを通して「非モテ」という現象を明らかにしていこうと考えた。そのほうがより豊かな語りが引き出され、多面的に「非モテ」について考察できると思ったのである。またそのグループが、「非モテ」に悩む男性たちにとって自分の悩みを少しずつ解きほぐせる場になればいいな、とも考えていた。

ただ、グループを立ち上げるにあたって一つ懸念されることがあった。それは、これまでの「非モテ」に関する言説がそうであったように、「自分の○○に問題がある」「女が悪い」と「非モテ」の苦悩の原因を一つのことに還元して説明し、そこから議論が発展していかないという可能性である。その課題に対処するために着目したのが「問題の外在化」という手法である。

問題の外在化という実践

「問題の外在化」とは心理臨床家のホワイトとエプストンが考案した臨床手法であり、臨床社会学者である野口裕二は『物語としてのケア—ナラティヴ・アプローチの世界へ』[*1]の中で以下のように説明する。何かしら問題が起きた時、それが起きたのは自分のせいだ、と考えることを「原因の内在化」といい、いや相手のせいだ、と考えることを「原因の外在化」という。前者の場合、問題を解決するには自分を変化させなければならないということになり、当事者は今の自分を否定することになってしまう。一方後者の場合、自分を苦しめずに済むが、他人や社会はすぐには変わってくれないので問題はなかなか解決されないままになる。

それに対し「問題の外在化」は問題の原因を問わない。個人の抱える問題を何かの原因に帰属させるのではなく、問題そのものを個人から切り離して、一つの現象として捉えるのである。またその際、現象に名前をつける作業が重要となる。

野口の著書の中では、排泄《はいせつ》物を下着の中に残したり、時に壁になすりつけ、戸棚にしまったりする子どもの事例が紹介されている。こうした傾向は基本的に、医療の専門家たちから「遺糞症《いふん》」と診断され、望ましくない、取り除くべき症状として説明される。つまり原因が「内在化」される。しかしホワイトは、この子どもに起きている現象に「スニーキー・プー」というあだ名をつけて、問題を「外在化」した。その結果、子どもや家族は自己否定に至ることなく、「スニーキー・プー」といかに付き合うかという肯定的な方向性を探ることが可能になったのだという。

個人の中に問題があると見なすのではなく、距離を置いて眺めることで、問題を生起させているメカニズムや、問題が個人に与えている影響などを整理して考えることができる。そうして、問題に対して自分ができることと、できないことの見通しも立ってくる。

野口が指摘するように、こうした手法は日本における「当事者研究」の実践にも共通しており、これまで精神障害やアディクション（嗜癖《しへき》）、発達障害などの領域において、専門家主導ではなく、当事者が中心となって展開されてきた[*2]。

さて、ここまでのことを「非モテ」の議論に当てはめてみる。「非モテ」という苦悩の原因を内在化させた場合、それは第一章で確認した「ラベリングとしての非モテ」のように、自分の身体や性格の特徴や傾向が苦悩をもたらしているという説明になる。もしかしたらそのせいで、過度な劣等感に苦しむことになるかもしれない。

一方、「女をあてがえ」論のように自分の苦しさをもたらすのは女のせいだ、と決めつける論理は「原因の外在化」と言えるだろう。当然ながら女性の意思を無視してパートナーシップを結ぶなど不可能であり人権侵害的な論理なので、なんの展望も見込めない。

その点、この「問題の外在化」という手法を応用すれば、自身の苦悩の原因を特定の説明に還元してしまうという危険性を回避しながら、「非モテ」の苦悩の背景や、発生のメカニズムを細かく探れるのではないか。

以上のような「問題の外在化」（当事者研究）の実践の蓄積と思考をもとに、私は「非モテ」男性同士が主体的に自己を探る共同研究の場を立ち上げた。[*3]

非モテ研の構造

二〇一七年一二月二四日、男性の語り合いグループ「ぼくらの非モテ研究会」がスタートした。会場は大阪府の男女共同参画センターの研修室を利用し、月に一、二回、対話の場を開く。SNSなどで毎回新たな参加者を募り、二〇二一年四月までに通算四四回グループを開催している。毎回の参加者数は平均七名、第一回から四四回にかけて実参加者数は一〇〇名程度、延べ参加者数は三三〇名程度に上る。またグループの目的を次のように設定した。

この会はいわゆるモテ講座ではありません。「非モテ意識はなぜ生まれるのか」「どうしたら非モテの苦悩から抜け出すことができるのか」などをテーマに自分を研究対象にし、あわよくば生きやすくなる方法を見つけることを目指します。

また、グループを運営するにあたって「非モテ」は特に定義をしなかった。前述したように「非モテ」とは個人の主観によってその意味は多様に変化するため、固定化させることで参加者を限定したくなかったのだ。「非モテ」を定義しないことの意味については第七章でも触れたい。

参加対象は、性別については「性自認が男性寄りの方」を基本とし、その他「非モテで悩んでいる方」「人とのコミュニケーションで悩んでいる方」「なんとなく男として生きづらい方」など緩やかな条件を設定している。年齢に制限は設けていないが、二〇〜三〇代が比較的多く、一〇代から五〇代まで参加されている。テーマに応じて性別関係なく参加できる回も時おり設けている。

参加者の属性についてさらに詳細に見ていくが、次に記載する参加者のセクシュアリティや障害、その他の当事者性は、語りの上で必要な情報として参加者自ら言及したものである。

「性自認が男性寄りの方」を対象にした回には、参加者はシスジェンダー・ヘテロセクシュアルの男性に限らず、ゲイやアセクシュアルの男性、トランスジェンダーの男性も参加している。

発達障害や精神障害の診断が出ている当事者や、吃音《きつおん》の当事者もおり、また不登校経験のあるメンバーも少なくない。フリーター、ニート、学生、会社員などさまざまな背景のメンバーが参加している。交際経験がある者も中にはおり、グループに参加時点でパートナーがいる人も参加している。

また、グループへの参加回数はばらつきがあり、一度の参加で来なくなった人もいれば、二〇回以上参加しているメンバーもいる。毎回新規参加者とリピーターが平均して半分くらいの割合で参加している。

非モテ研の活動

グループ実践については当事者研究の他、私がボランティアスタッフとして参加しているDV加害者更生グループである「メンズサポートルーム大阪―男性のための脱暴力プログラム」[*4]のワークショップの技法も参考にしている。

グループの活動内容について書いていこう。非モテ研では、参加者たちが一つのテーマに沿って順に自分のエピソードを語る「テーマ研究」と、参加者たちは今現在抱えている自分の悩みを発表し、そのメカニズムを参加者全員で掘り下げ、対処法を探り出す「個人研究」が実施されている。本研究で取り上げる語りはテーマ研究において語られたものである。これまでに取り上げられたテーマをいくつか抜粋する。

〈これまで取り上げたテーマ〉

・「非モテ」のエピソード
・自分の人生観、恋愛観に影響を与えたメディア作品
・家族、親
・友人関係
・性的欲望
・マスターベーション
・（女性に対する）マイクロアグレッション
・モテ以外の享楽
・ペニス経験
・孤立
・からかい、いじり
・性的妄想

テーマ研究は毎回①ルールの確認、②自己紹介、③ワークシート作成、④自身の経験や

発見の発表、⑤参加者からの質問やコメント（④・⑤を各参加者が順番に行う）、⑥感想という流れで進む。

時間は毎回一八時半から二〇時半まで、二時間行う。参加人数が多かったり、話題が盛り上がったりすると三〇分以上延びることもある。

終わった後は希望者で食事に行く。なぜか非モテ研は飲みに行くということをしない。夜九時頃、二〇～三〇代の男性が集まって、アルコールを一滴も飲まず、わいわいとうどんをすすったり、ハンバーガーにかぶりついたりする。私たちはこの食事の時間も大切にしていて、グループでの語り合いの時には話しきれなかったことを語ったり、現在進行中の片思いの話をうだうだと話したりしている。

また語り合いの他に、短歌会や登山、合宿などのレクリエーションも行っている。

言葉の創造

男性たちは何らかの苦悩を抱いたとしても男性的であろうとするためにそれに蓋をして、自分の体験や感情を言葉にすることをあまりしてこなかった傾向にある。

ところが、こうして蓋をされて未整理だった経験や感情は、同様の経験・感情を持つ者と出会うことで触れることができるようになり、そして語られる。
こうした経験の語りは、場の中に蓄積され、その過程で生まれた独特の言葉や言い回しが、共有され使い回されることがある。ある参加者が発した言葉が他の参加者の深い共感を呼び、自分が語る順番で、同じ言葉を使って自身のエピソードを説明するのである。女性と交際することで不遇な状況を挽回《ばんかい》できると思い込んでしまう〝一発逆転〟、想いを寄せる女性を神聖視してしまう〝女神化〟、女神に対して思いの丈を叙情的な手紙やメールにして送る〝ポエム〟などがその例として挙げられる。こうして現象への名付けがなされ、グループ内で定着していく。これらの非モテ研独自の言葉は、第三章以降随時見ていきたい。

以上、非モテ研のグループ構造や実践内容を概観した。冒頭にも書いたように、非モテ研はそもそも「非モテ」を探求していくためのグループだった。「非モテ」に悩む男性たちがそれぞれの苦悩を問い直し、また私自身も「非モテ」の苦悩の内実を明らかにする意図があった。しかし、その探求の場はいつしか参加者たちに緩いつながりをもたらした。私たちは、お互いの語りに共感し、ねぎらい、共に向き合い、時にとり乱し、お互いの語りに影響されながら独自の関係性を築いてきた。

次章からは、こうした環境で語り出された非モテ研メンバーたちの経験を参照しながら「非モテ」男性の抱える問題を詳細に見ていこう。

第三章　追い詰められる非モテ・自分を追い詰める非モテ

ここからは、「ぼくらの非モテ研究会」の研究成果をもとに「非モテ」男性が生きる世界を具体的に見ていく。ただ、一口に「非モテ」男性と言っても非モテ研の各参加者によって背景や属性、経験はそれぞれ異なる。苦悩を抱くようになった経緯や苦悩の内実にも違いがある。さらに、当然ながら非モテ研以外でも多くの男性が「非モテ」という苦悩を抱いており、その経験は千差万別だろう。

「非モテ」に悩む男性たちの経験を〈「非モテ」男性〉とカテゴリー化して語ることは、そのカテゴリー内部の多様性を無視することになりかねない。しかし私はあえてカテゴリー化を行い、〈「非モテ」男性〉という主語を用いる。その意図について最初に触れておきたい。

個人的なことを普遍化すること

後述するが、非モテ研で語られる経験は、いわゆる規範的な男性像からかけ離れた内容であることが多く、それはこれまで表立って取り上げられてこなかったものだ。

例えば生活する中で抱いた違和感や困難、苦労を周囲の人に打ち明けても理解されなかったり、馬鹿にされたり、非難されたりすることがある。その時「もしかしたら、そう感じる私がおかしいのかもしれない」という考えが湧き、抱いた違和感・困難・苦労は、ただの個人的な問題として埋もれていってしまう。*1

ところが、非モテ研というクローズドなグループで語り合いを行うと、一人のメンバーが語った苦悩や気づきに対して、「わかるなあ」という共感が他のメンバーから寄せられることがある。「自分にも同じことがあった」と、類似のエピソードが語られる時もある。その時私たちは気づく。個人的な問題と思っていた苦悩は、他の男性にも同じように体験されうるのだと。この社会には、「非モテ」に苦悩するような周縁に追いやられた男性たちが普遍的に経験しうる問題があるのではないか、と。

その気づきは二つの効果をもたらす。一つ目は、「非モテ」男性たちの間に緩やかなつながりを生み出す点である。規範からずれているがゆえに、「自分がおかしい」とこれまで押し殺してきた個別の経験。それが仲間と共有されることによって、本人に「自分だけではない」という安心感がもたらされる。さらにその安心感が、自身の経験を整理し、秩序立てることを可能にしていくのである。

二つ目は、「非モテ」男性が抱く苦悩を、個人の問題としてだけではなく、社会の問題としても論じることが可能になる点である。例えば複数以上の男性が類似の被害体験をしているとすれば、彼らの置かれている時代や環境を問う視点が立ち現れる。「非モテ」に悩む男性の問題を普遍化して分析することで、彼らを取り囲む社会の問題点をあぶり出すことが可能になるだろう。

この普遍的な経験を論じるためには総称する主語が必要になる。以上のことから、本書では「非モテ」に苦悩するような周縁化された男性たちを、暫定的に〈「非モテ」男性〉としてカテゴリー化し、彼ら（そして私）が体験しうる問題をひもといていく。

その際、私を含む非モテ研メンバーたちがグループで話した実際の語りを、部分的に引用しながらまとめる形を取る。メンバーの名前は基本的には仮名だが、本人から頼まれた場合と、私の名前は本名（西井）のまま載せている。また全員が「性自認が男性寄り」の回に参加した参加者のものである。

本章では特に「非モテ」男性が強い自己否定感を抱いている実態と、自己否定感を抱くようになる過程を追っていきたいと思う。

「非モテ」と〝未達の感覚〟

ぽんさん：まあ半人前ですよね。一人前の人に比べると自分は劣った存在、一人前の人が共有できてることが自分は共有できてない。

非モテ研のメンバーの多くが抱えているのが「自分は一人前の人間ではないのではないか」という感覚である。これはいわゆる劣等感に近いが、具体的な他者と自身を比べた時だけでなく、抽象的にイメージされる「一人前の人間」に自分は達していないという切迫した感覚を常に抱いている点に特徴がある。私はこれを〝未達の感覚〟と呼んでおり、この感覚をもたらす要因は多岐にわたる。もちろん「恋人がいるか否か」という基準がまず「非モテ」男性にとって大きな物差しとして現れる。

ハーシーさん：恋人とか欲しいなーっていう気持ちになっても、どうつくったらいいかわからない。そもそもどう話したらいいいか、どうやって関係をつくっていくんだろうみたいな、他の人はできているのに自分は全然できないっていう劣等感があったりして、どんどん「非モテ」の苦しさが上がっていった感じですね。

タカハシさん：特にスマホで時間無駄にしちゃったなーって時とか、あと、あの幸せそうな投稿を見た時ですね。ちょっとはダメージ来ます。

西井：例えばどんな投稿ですか？

タカハシさん：例えばこういうとこへ旅行行ったよーとか。

西井：カップルで？

タカハシさん：はい。あと最近結婚しましたっていうのとか。

こうした悩みは第一章で確認した「状態としての非モテ」であることに未達の感覚を抱

いているといえるだろう。

また、恋人がいないということだけでなく、ハーシーさんの言うように、思いを寄せる相手にどう関わっていいかわからないことに対して、劣等感を抱く場合もある。現代の恋愛様式において、相手と打ち解けるためのコミュニケーション能力や、清潔で自分に似合う服を選べるファッションのセンスなどが、少なからず重要視される。こうした能力やセンスを身につけるためには、前提となる知識や態度が必要になる。それがなければ、何をどう努力していいかもわからないかもしれない。しかし、この知識や態度が得られるかどうかは、その人が生きてきた環境に大きく左右される。これらを養う機会に恵まれなかった層からすれば、恋愛に参画することは大きな困難と違和感を伴うのだと推察される。

さらに、性経験の有無も「非モテ」男性にとっては重要だ。

西井：節目に（セックスを）やらないとダメみたいに言われるんですね、二〇歳とか。それで二一歳になった時に、世間的な烙印を押されてるんじゃないかってなって、すごい「非モテ」の苦しさがせり上がってくる。僕はどちらかと言うと童貞劣等感が強かったから、何とかして（恋人を）つくらないとあかんと思って。

日本における「童貞」に関する言説分析を行った渋谷知美によると、「童貞」は一九六〇年代中頃から「恥」として評価されるようになり、そうした価値観は現在まで崩壊に至ってはいないという。またそうした言説の中で、「やらはた」（「やらずのハタチ」の略で、性経験がなく二〇歳になった者を意味する）など、童貞喪失年齢の規範化も起こったと言及している。[*2] 私も同様に、「世間」の風潮に縛られて二〇歳までに性経験を果たさなければ「烙印」を押されるのではないかという不安を抱えていた。性愛関係だけでなく友人関係がどれだけ充実しているかも自分を測る上で大きな尺度になる。

ハーシーさん：高校三年間、女性どころかそもそも人間と話す接点がなくって、いってきますと、ただいまの間に一言も喋《しゃべ》らないっていうのがほぼ毎日で。楽しみが月水木の漫画雑誌の発売日しかない、みたいな感じでした。昔は友だちが多いっていうのが社会的にきちんとしてる人の証明って思ってたんで、劣等感をすごく感じてましたね。

ハーシーさんは非モテ研が始まった初期から参加している古参メンバーである。よく冗談を言って他のメンバーを笑わせ、新規で参加した人にも「よく来てくれましたね」とあたたかい歓迎の言葉を贈る。しかし彼は高校の頃ほぼ人との関わりがなかったといい、友だちがいない自分の状況に劣等感を抱いていたという。私たちは幼少期から「友だちをつくりましょう」と親や教師から吹き込まれながら育つ（友だち一〇〇人できるかな？）。それはある種の強迫となって現れるのである。また、つまらない日常を送っているという感覚もある。周りの人たちが充実した（ように見える）日々を過ごしている中で、自分は何もやりたいことがない。そのことにコンプレックスを抱くのである。

烏《からす》さん：元々コンプレックスがすごい強かったですね、周りの人たちに比べてなんか自分ダメじゃないかっていうのがあって。打ち込んできたことがない。毎日がとにかくつまらなかったですね。大学行ってもやりたいことがないっていうのがまずあって、アルバイトとかも全然する気がなくて暇で仕方がない日々だったんですけど。

他者関係に加え、自分の身体に対しても十分な基準を満たしていないという苦悩も語られている。例えば背が低い、運動ができないといったことである。

一矢さん：やっぱり自分は低身長だから、それを考えてると結構なんかしんどくなってきて、身体的なものが出てきて、ざわざわ感や動悸《どうき》、血の気が引いてきて、うーん、それを考えるだけで。

あだちさん：運動とかも特にできないし、社会一般というか、小学校の時とかでも運動のできる子は特に褒められたりすると思うんですけど、ちやほやされて、逆にできない子は蔑まれたりとかそういう経験もあって、自分の価値はないんじゃないかって。社会一般で価値があるっていう水準に自分は届いてない人間なんじゃないかっていう気持ちがあったんですね。

ハーシーさん：わかります。僕も体力測定で砲丸投げみたいなんがあったんですけど、僕の記録が女子の平均を超えてなかったっていうのがあって、それが今もちょっと尾を引いてるかなって。

一矢さんは自身が低身長であることを思うと、激しい動悸に襲われるという。また、あだちさんは運動ができないことを理由に蔑まれた経験があり、その結果「価値がある水準に届いてない人間」だと考えるようになったと話す。

男性学を研究する多賀太は、スポーツは「男性が女性よりも優れている」ことを示すものであり、男性たちに「男はスポーツに秀でていなければならない」という社会的圧力をもたらすという[*3]。その結果、運動ができない男性は重圧感を抱き、砲丸投げの記録が女性の「平均」を超えなかったハーシーさんも、その経験をネガティブな経験として記憶していると考えられる。

「男性の生きづらさ」の手前にあるもの

以上、身体や他者関係によってもたらされる未達の感覚の事例を挙げたが、これらを反転すると、私たちがイメージする「一人前の男性」の姿が見えてくる。つまり、背が高くて体格も良く運動能力が高い、社交的で恋人もおり、性経験の豊富な男性像である。絵に描いたような「男らしい」男性像だが、「非モテ」男性はこのイメージにたどり着けない自分を苛《さいな》んでいる。

日本において一九八〇年代末に登場した男性学は、「男らしさ」をめぐる男性の問題に取り組んできた。現在その啓発的役割を担う田中俊之は、男性学を「男性ゆえに抱く生きづらさ」を対象とする学問と位置づける。そして時代の変化によって男性の雇用が不安定化し、収入が減少したことで、自身が想定する「普通」や「当たり前」と思っていた人生（例えば正社員として安定して働き、結婚して子どものいる男性像）を実現できないことに、男性の生きづらさの原因があるという。男性たちは「普通」の男性像というイメージに囚われ、こだわるがゆえに、現実の自分の姿とのギャップに悩みや葛藤を抱くという主張である。[*4]

ここまで書いてきた、未達の感覚という形で「非モテ」男性たちが苦しんでいるという状況も、田中の「男性の生きづらさ」論に合致していると言えるだろう。ただ気になるのは、男性たちはどのような経緯で「普通」の男性像のイメージに囚われるようになるのか、ということである。

確かに男性たちは理想とされる男性像と自身を比較して「生きづらさ」を抱えるようになると言えるのかもしれない。しかし私たちは最初から「当たり前」とされている男性像に囚われ、そうでない自分を貶めているわけではないはずだ。「これが当たり前」「そうでない人間はだめ」という情報を取り込むからこそ、人は自身のあり方に悩みや葛藤を抱くようになる。

この点について、田中は安定した仕事に就くことを望む親の教育や、成功や卓越性を煽《あお》る書籍やCMの影響を指摘しているが、具体的な事例を扱っているわけではなく、その分析は不十分であるように思われる。なぜ「非モテ」男性は未達の感覚を抱くようになるのか。具体的な他者との相互関係に着目しながら、その過程を探っていこう。

「非モテ」とからかい被害

なぜ「非モテ」男性は自身を劣った存在と位置づける未達の感覚を抱くようになるのか。ここではその要因の一つとして、男性の被害経験をめぐる相互作用について考えたい。

非モテ研ではいじめ、虐待、パワハラなどの被害経験が、研究会を重ねるごとに語られるようになってきている。「非モテ」男性に限らず、理不尽な暴力を受ければ、当然その自尊心は傷つけられる。にもかかわらず、男性は自身の被害体験を語らず、援助を求めない傾向にあることがこれまでの男性研究から明らかになっている。

その背景として、男性個人が被害を被害として認識しない、もしくは周囲が被害として認識しないゆえに、表には出しづらいということが考えられる。そのため、男性たちの傷つきは外に出ることのないまま封印されていくことになる。封印された被害経験の中でも未達の感覚と特に関連していると考えられるのが「からかい・いじり」の被害である（以下、総称して「からかい」とする）。

それは性暴力や虐待、パワハラなどの被害に比べて軽微なもののように感じられるし、一度被害にあったからといって大きな心的ダメージが与えられるわけではないかもしれない。しかし、からかいはその特性ゆえに被害として認識しづらく、そのため気づかないうちに微細な傷つきが蓄積されていくという点で深刻な問題だ。まずその深刻さについて、からかい被害の事例を紹介していきたい。

たぬきさん：昔からお腹《なか》が出ていることを気にしていて、見る人見る人に「それやばいから運動しなさいよ」って本当によく言われるんですね。「それ年いったらやばいぞ」と。（中略）小学生の時にそのことでいじられたこともあるんですね。

シュンスケさん：当時構音障害というのを抱えてまして、言葉が明瞭に発音できないと。私は「さしすせそ」と「ち」と「つ」がうまく喋れないということが後からわかったんですけど。で、言葉の発音がうまくできないことで、からかいがすごくてですね。そういう変わった発音、うまくできない発音を聴きたいがために、「『あいうえお』って言ってみて」とか「『かきくけこ』って言ってみて」っていうふうに言われたんですよ。今になって思ってみればそういうものに応じる義務っていうのは全くなかったと思うんですけど、全部それに応えていってたんですね。

明日葉さん：僕もだいぶ肌が白くて、あと声が高いってだけで「ウィーン少年合唱団入れるんちゃう?」っていじられてて、すごい嫌でしたね。

きいろさん：多分小さい頃、幼稚園ぐらいの時からなんですけど、オカマと呼ばれていたんですね。

西井：何をもとにオカマと言われてたんでしょう。

きいろさん：まあ女子が好みそうなイメージのものを見ているということであったりとか……。私普通におとぎ話とかセーラームーンとか好きだったので見てたんですけど、「こういうのを見てるぞ、こいつは」というのを言われて、あの、いじめを受けたような経験があったように思います。あるいは運動できなかったんですよ。単に走るのとか水泳というのは後からできるようになったんですけど、球技が苦手だったたんですよ。そうそう。だけど不思議なことに女の子と別に仲良かったわけでもないんですね。そういう記憶もないいんだけど、うん。

西井：大学生で童貞いじりとかもあったりして、で僕はいじられるのがすごい嫌で、いじられてる人を見ても、いじられてんのになんで我慢できるんやろうって。童貞っていうのがすごく軽んじられてるのがめちゃくちゃ嫌でしたね。

こうしたからかいを仕掛けてくるのは基本的に男性である場合が多いが、時に女性からからかわれたというケースも語られる。私がまさにそうで、高校の頃クラスの複数の女子から、私の容姿をネタに、蔑んだような笑いを向けられたことがある。その経験はいまだにじくじくと痛み、深い挫折感をもたらしている。男性が受けるからかいの主体に着目すると、その数に偏りはあるが、男性から男性、女性から男性、どちらのからかいも起こると言える。

一方、「非モテ」男性が受けるからかいの内容を見ていくと、そこには一定の基準があることがわかる。からかう内容を細かく分類すると、まず、身体を取り上げたものが多い。太っている、背が低い、運動ができない、しゃべり方がおかしい、声が高い、などである。次によく聞かれるのが、恋人がいない、童貞であるといった恋愛・性関係に関するもの、「男らしくない」趣味がある、などである。

からかい・いじりの方法としては、その身体的特徴そのものを取り上げて突き付ける場合や、「オカマ」「童貞」「デブ」「チビ」など周縁化された男性に対する蔑称を使用する場合がある。つまり、こうしたからかいは「標準的な男性像」からかけ離れていることを背景として繰り出されていることがわかる。お前は一人前の男性ではないのだ、と「非モテ」男性は繰り返し周囲から否定され続ける。

まとめると、からかいは男性同士の間でだけ起こっているわけではないが、男性内の序列関係を背景として仕掛けられていると言えるだろう。

からかいと自己レイベリング

背が低い、運動ができない、性経験がないなど、からかいの内容と「非モテ」男性が抱える未達の感覚の要因が重なっているのは偶然ではない。実際、からかいという形を取った否定的な言葉を受けた結果、自分で自分を否定するようになる「非モテ」男性は多い。

まこさん：コンプレックスを感じるのは、自分の顔面が老け顔だからすごく醜形恐怖を感じるんですよ。運動ができないとか外見でいじめられたりとか。あとは背が低いとかもあったりして。余計にそれで人と比べられることが多かったから。偶然自分が標的になったのかもしれないけど元からの才能もないから、ボコボコにされて自分でもボコボコになっていく。そんな感じだから否定してくる相手がいなくなっても自分を責めてしまう。だからそういう自分が苦手というか嫌いになっていく、という感じですね。

まこさんの語りは、他者からの否定が自身に折り返してくることを端的に表している。運動ができないことや外見でいじめられていた彼は、環境が変化し自身を責める相手がいなくなったにもかかわらず、自分を責めてしまったと話していた。タカハシさんも同様の経験をしたと話している。

タカハシさん：何か具体的な出来事があったというよりかは、自意識のこじれが、どんどん肥大化がひどくなっていったのが大学院に入ってから。何かって言うと、同年代の人はそれなりに恋愛経験積んでるのに、自分は全く積めてないっていう格差を感じるようになってきて、それで自意識をどんどんこじらせていったと。で、結局大学院に入ったのに、研究もまともにできてないし、あの、ちゃんと働く見込みも立たないし、人間関係も全然うまくいかないし。どんどん一人で抱えるようになって。自分の居場所はこの世にないんじゃないか、だから人と関わってても、正直人と会ってても、寂しい、孤独を感じるというか。そう、人と会ってても、寂しい。人と会っててても孤独っていう感じでした。

タカハシさんは、学生時代にサークル内で否定的な扱いをされたことで苦しんだ後、大学院に進学するが、今度は具体的な出来事が何も起こっていないにもかかわらず、自意識がこじれて周囲との格差を感じ、自分を責めるようになったと話す。

こうした現象について、「自己レイベリング」という概念を参照しながら考えたい。「あなたは○○だ」と個人を何らかのカテゴリーに当てはめ、一方的に評価することを「レイベリング」（ラベリング）という。例えば前述したまこさんのケースでは、まこさんはクラスメイトから「運動ができない個人」としてカテゴライズされ、からかいという形で否定的な評価を与えられレイベリングされている。

こうして他者からなされたレイベリングが次第に自分の中に取り込まれ、抑圧が深化した状態について、社会学者の佐藤恵は「自己レイベリング」と定義した。「自己レイベリング」の過程の中で個人は、他者に貼り付けられたラベルを引き受けて自分で自分を否定し、その上付与された評価通りの人間であると自己定義していくようになるという。*5

まこさんやタカハシさんは、他者によって向けられた否定的なまなざしを取り込んだ結果、「自己レイベリング」の状態に陥り、自身を否定的な存在として見出していることがうかがえる。

ハゲ男性研究

ここで一つの疑問が湧く。からかい（レイベリング）を受けたのならば、それに抗議したり、スルーしたり、からかいをしてくる相手と距離を置けばいいのではないか。しかしそうした対処の体験は非モテ研ではあまり語られない。なぜ「非モテ」男性は、時に残酷ですらあるからかい・いじりを受け入れ、その上さらに自分で自分を責めるようになるのか。

この問いをひもとくにあたって、男性同士のからかいを分析した須長史生《すながふみお》の『ハゲを生きる―外見と男らしさの社会学』[6]が参考になる。「非モテ」男性の「自己レイベリング」の過程を探る前に、須長が明らかにした「ハゲ男性」をめぐる問題を整理しよう。

須長は髪の薄い男性を対象にインタビュー調査を行い、江原由美子の論考「からかいの政治学」[7]を参照しながら分析を試みた。その結果、彼らが日頃からハゲを理由に周囲の男性にからかわれていること、そして彼らがからかわれていてもそれに抗議したり無視したりすることなく、男らしく気にしないそぶりをし続ける様相を明らかにした。

ハゲ男性が抗議・無視をしない背景として須長は三つの理由を提示する。まず一つ目に、からかいの言葉はからかわれる側に対して「普遍的・自明的・匿名的」なものとして提示されるということが挙げられる。例えば、ハゲ男性はその多くが「ハゲると女性にモテない」と言われてからかわれているのだが、その説に根拠はない。真偽のほども不明であるにもかかわらず、まるで「みんなそう思っている、当たり前のことだと伝える効果」を持っている。普遍的に共有された自明の事実のように提示され、ハゲ男性は言い返すことができない。誰がその説を言っているかわからない（匿名的）ために確認のしようもない。

二つ目は、ハゲ男性は男性集団の仲間としての資格を喪失しないために抗議しないという説明である。もしからかわれて抗議したり無視したりすれば、精神的なタフさや柔軟さを欠いた、からかいに対してすぐムキになるウジウジした男性と見なされることになり、さらなる攻撃にさらされたり、下手をすれば仲間としての資格を喪失してしまう危険性がある。

そして最後に、これが最も重要なことだが、からかいが遊びの文脈に位置づけられていることが挙げられる。からかう側にとってからかいは単なる「遊び」「冗談」であるため、からかわれた側はたとえその内容に傷ついたとしても抗議できない。なぜなら抗議してしまうと友情関係にひびが入りかねないからだ。もしかしたらそのからかいは単なる遊びではなく、オブラートに包まれただけの侮辱や攻撃である可能性もあるのだが、その時でさえ、からかわれた側は関係性の破綻を回避するために、泰然自若としたふるまいをするか、うまく受け流すかしなければならない。

普遍性・自明性・匿名性、資格喪失への恐れ、そして遊びの文脈。須長の研究から導き出されたこの三つの要素を参考にしながら、「非モテ」男性をめぐるからかいの問題を考えてみよう。

カスタマイズされる「男らしさ」

「非モテ」男性に対するからかいは、理想的な男性像、いわば「男らしい男性像」から乖《かい》離《り》しているがゆえに浴びせられるということを書いた。しかし「男らしさ」とはそもそも何だろうか。背が高い、運動ができる、収入が多い、積極的である、などがイメージされるが、これさえ満たせば、という決まった要件はない。それどころか、求められる「男らしさ」は時代や環境、場面によって変化する。例えば、一昔前まで「男は多くを語るべきではない」という規範が日本社会にあったが、現代において口数の少ない男性はむしろコミュニティの中で劣位に置かれる可能性が高い。

欧米の男性研究ではこうした現実から、「男らしさ（manhood）」は常に変動する可能性のある不定形・不安定（precarious）なものだと位置づけられている。*8 そのことを指し示すような内容が非モテ研でも語られている。

たぬきさん：小学校の一年生の時に、僕その頃外で遊んでいて日焼けして結構黒かったんです。それを同級生から「ハワイ人」とあだ名されて。それで当時僕はそれを否定的というか、そういうの恥ずかしいと思ってたんですね。そう言われてからかわれて、それで恥ずかしい思いをして塞ぎ込んだ。そういうことがありました。

シュンスケさん：からかいとかいじりとかっていうのを受けてきたと自分では思っていまして、私も「オカマ」と言われてたんですね。言われた理由は私の場合ほぼ外見だったんですね。女の子に見えると。子どもの頃。で、あとこう、「ガイジン」というふうに言われてました。肌が白いので。それもこう、排他的な意味で。

たぬきさんは同級生から肌が黒いことを、一方シュンスケさんは肌が白いことをからかわれている。この現象から、からかいという加害の持つ巧妙な性質が見えてくる。からかいは、まるで誰しもが共有している「普遍的・自明的」なものがあるかのように発されている。「理想的な男性の身体はこうあるべきで、そうでないお前はだめなのだ」と。言われた側が抗議したとしても相手は「だってそう決まっているから」と言い返すことができ（匿名的）、結果、言われた側は押し黙るしかない。

しかし実際のところ、ここで取り上げた例のように「男らしい男性像」は、それが不定形・不安定であるのをいいことに加害者によって自由にカスタマイズされている。からかいの対象の肌が黒ければ黒いことを貶め、白ければ白いことを貶める。相手が何かしら努力してからかいの条件を克服したのであれば、今度はまた別の条件を持ち出してからかい続ければいい。この手段を取られると、からかわれる側は一体何を満たせばよいのかわからず、出口のない迷路で暗中模索することになる。ただただ自分が悪い、周りから劣っているという意識が降り積もっていくのである。

これが、「非モテ」男性がからかう側ではなく自身を責めてしまう理由の一つだと考えられる。つまり、理想的な「普通」の男性像はあらかじめ決められているのではなく、周囲の男性を貶めるための手段として、権力を持つ男性の手によって恣意的につくられていくのだと考えられる。その結果、「非モテ」男性は自分のアイデンティティを自分で決める権利を奪われるのである。

「非モテ」とコミュニケーション上の疎外感

こうして貶められた「非モテ」男性に生じてくるのが、周囲からの漠然とした疎外感である。「周囲の人と生きている世界が違う」と話すぽんさんの語りはとても印象的だった。

ぽんさん：自分は周りと何か違うなっていう思いがあって、それは思いを共有できてないっていうのがあって、そういう考え方がすごい強くて。話が合う人っていうのがすごい限られてるというか、みんなが見えていて自分には見えてないものが何かあるんじゃないかって実感がすごいあって。恋愛が普通にできてるっていう人たちはその人たちの間で共有できているものが何かあって、でもできてない人はそこから外れてて。でも外れてる人はそれぞれでバラバラに周縁化されてる。そういう状態にあるんじゃないかなって。

西井：周りの人と共有できないっていうのは恋愛以外もあるんですか。

ぽんさん：言語では説明できない範囲だと思うんですけど、なんか生きてる世界が違う、本当にこの人たちと同じ世界を生きてるのかなって思うことがあるんです。

ぽんさんは、俗に「リア充」と表現されるような、コミュニティの中で多数派を占める構成員を「周り」と表現しており、彼らと自分との差、そして疎外感を強く抱いている。しかし何が違うのかはわからない。その疎外感をより具体的にするのが、多数派集団とのコミュニケーションがうまくいかないことである。「非モテ」男性はどのようなコミュニケーション空間を生きているのか、ヤスナリさんの語りを紹介しながら説明したい。

ヤスナリさん：コミュニケーションっていわゆる空気、ノリで流れていくもんじゃないですか。それが世間一般的には受け入れられてるんだろうなという気がしてるんですが、僕はうまくノリで流せない。タイミング良く言葉を返せないところがあって。この会話はそんな突っ込む必要がないっていうところでも突っ込んでしまって、周りから怪訝《けげん》な顔をされてる気がします。単純に笑い話だけしてやりとりできればいいところをできない。頭ではわかってても、うまく話せないんですね。そうしたら結果として一線を引いて、ほどほどの距離、自分が傷つかない距離をあけちゃうのかなとは思ってます。

ヤスナリさんが示すように、現代的なコミュニケーションは「空気」「ノリ」で流れていくものであり、学校などのコミュニティではそれが広く受け入れられている。しかしヤスナリさんは「ノリ」にうまく乗り切れず、突っ込む必要のないところでも突っ込んでしまう自身のコミュニケーションのあり方を否定的にとらえている。そして最終的に自分が傷つかないように集団から距離を置いてしまうと話していた。

さて、このヤスナリさんの語りから、若者のコミュニケーション様式の中に非常に厳しいルールが敷かれているのがわかる。会話していても深く内容を掘り下げてはならない、会話の流れを読みタイミングよく返答しなければならない、内容に引っかかりを持ったとしても笑い話として済まさなくてはならない……。

若者文化を研究する社会学者の土井隆義は、相手との対立を最大限に回避する若者独特の関係性のあり方を「優しい関係」と名付け、若者たちはお互いの関係が破綻しないよう「繊細に配慮しあって葛藤の要素を徹底的に抑圧し、ガラス細工のように緊迫した関係性を営んでいかざるをえない」と説明する。

つまり、対人距離をうまく測れずに相手に近づきすぎたり、「ノリ」に合わせなければいけない場面で合わせない態度を取ったりするふるまいは、「優しい関係」を維持するためのルール違反と見なされるという。*9

本来コミュニケーションは二者以上の関係性によって柔軟に変動するはずだが、にもかかわらず「非モテ」男性たちが、コミュニケーションがうまくいかない理由を自身のみに帰責させるのは、いつの間にか敷かれた見えないコミュニケーションルールを内面化していることによると考えられる。さらに、男性同士の集団内ではコミュニケーションの様式だけでなくその内容にも縛りがある。

西井：高校、大学の時って喋ってる話題が女の子の話をよくしてたなって思うんですよ。口開けば、お前あの子とどうなった、あの子可愛《かわい》いよな、みたいな話ばっかりしてたんですね。

直樹さん：高校の修学旅行とかでよくある男同士でエロ話とかしてても、ちょっと本当に頭痛がするというか嫌悪感を感じてて。今はそういうのでも普通に合わす、まあいい感じはしないんですけど、適当に合わせるぐらいはできるようになったんですけど、うまく折り合いがつけられない感じがある。

私が話しているように、ある年齢に達すると、男性同士の話題は女性に関する話題が非常に多くなる。しかし、その会話の構成員全員が関心を持っているかどうかは定かではなく、実際直樹さんは男同士のエロ話に嫌悪感を抱いている。にもかかわらず、女性に関する話題は男性同士の間で当然話されるべきものであるかのように語られる。

臨床社会学者の中村正は、男性同士が繰り広げる攻撃的・競争的なコミュニケーションを「メンズトーク」と名付け、女性との性的な関係も武勇伝として彼らの競争の種になるとしている。[*10]「メンズトーク」は男性の会話文化に深く根ざし、男性たちの会話を縛る。

以上のようなコミュニケーションの様式・内容に乗ることに困難を感じる「非モテ」男性は漠然とした疎外感を抱くと考えられる。確かに周囲に関わる人はいる。しかし、どこかわかってもらえないという感覚を持っているのである。

あだちさん：非モテ意識が肥大化していく頃なんですけど、友だちと言える人たちはいたんですけど、僕は彼らのことが嫌いでしたね。ピークあたりが僕は二二～二四歳ぐらいなんですけど、この頃は結構友だちが多くて大学院に行ってた頃なんですけど、俺すごく非モテ意識で苦しんでた時期だったんです。友だちは多かったんですけど、のことはわかってくれない友だちという認識が強かった。

さらに追い打ちをかけるのが、男性集団の中心にいるメンバーによって緩く排除されるという事態である。

「非モテ」を襲う〝緩い排除〟

タカハシさん：大学前半の時に、すごい孤立した経験があったんですね。どういうことかって言うと、大学でサークルに入ったんですけど、夏頃になってすごい同期の中に内輪みたいなものができてたんですけど、どうやらその中に自分は入ってないみたいだ、っていうのに気づいて、その時に、緩やかに排除されてる、そんな感じがして。その時に思ったのは、まず同じ学年なのになんでその中に自分は入ってないんだろうとか。一緒に遊びに行きたいのに行けない。サークルに関する決めごととかも彼らの中で内々に進んでる。

西井：排除の中でも緩やかかっていうのは気になって。明確な排除ではないんですね？
タカハシさん：はい。何だろう、攻撃してきたりとか、直接いじめてきたりとかそういうことではなくて、入らせない。入ってきても「なんでこいつがおるねん」みたいな感じを出す。そういう雰囲気を。
あだちさん：どうやったら出せるんですか？
タカハシさん：なんだろう。困惑っていうのかな。悪意というより困惑を示してくる。

タカハシさんは非モテ研に深くコミットするメンバーの一人で、毎回真摯に自身の問題に向き合い、行きつ戻りつしながらも体験を懸命に言葉にする。この〝緩い排除〟という概念は、前述のように彼が絞り出すように語ったものである。

いじめるなどして対象を追い出す明確な排除とは異なり、緩い排除は直接的な攻撃や悪意を伴わない。タカハシさんの言うように、相手に対して「ここにいるのはおかしいのでは」という困惑した態度や表情を見せることによって、暗黙のうちに相手にネガティブなメッセージを伝える形態を取る。ちなみに、内輪を構成していたのは場を盛り上げるのがうまく、サークル内で一目置かれる男性たちだったという。彼らのように、コミュニティにおいて中心的な位置を占める男性をここでは仮に「中心的男性メンバー」と名付ける。困惑の態度を向けられれば当然居心地が悪くなるが、しかしなぜそうした態度を向けられているのかは言葉にされていないため不明である。そこでタカハシさんは自分を緩く排除する理由を、内輪をつくる同期の彼らに問い詰めたという。

タカハシさん：その、排除するっていうことは、自分に何か、何かしら理由があるんだろうけどそれがわかんないから、「嫌なことがあるんやったらはっきり言ってくれよ」と言ってみたんです。あと、そういうすごいしんどい気持ちがあったから、たまに吐き出したりとかしてたんですけど、それをまともに聞いてもらえなくて、「何言ってるん」って言って馬鹿にされたり、からかわれたり。それで誰も自分の気持ちをわかってくれない。

理由を尋ねたにもかかわらず、それをからかわれたタカハシさんは、自分の何が悪いかがわからないまま最終的にそのサークルから距離を置くことになったそうだ。

この結果は、一見タカハシさんが自らコミュニティから退いたように見える。しかし別の側面から見れば、この中心的男性メンバーの緩い排除によって間接的に追い出されたとも言える。もし彼らがタカハシさんに対する不満を直接的に言葉にすれば当然両者の間に軋轢《あつれき》が起き、相手を傷つけてしまうリスクも生じてくる。つまり、彼らはタカハシさんを排除する者としての立場を引き受けることになる。その点、具体的な言葉を口にせず困惑の色を浮かべるだけで相手に居心地の悪さを与える緩い排除は、そうした責任や罪悪感を免責・免罪する効果を持っている。なぜなら、最終的にコミュニティから退くという選択肢を取ったのは、相手のほうだからだ。

また、中心的男性メンバーは緩い排除によって、タカハシさんからの説明要求に応えることからも免れている。それどころか説明を求める側を「必死になっている困った存在」として位置づけて黙らせ、さらに周縁に追いやっている。

緩い排除は相手を排除しきらない。そして緩い排除を受けた被害者は、そのコミュニティを出るまで、また出てからも、自身の何が悪かったのか否定的に自問自答する日々を送ることになる。

しがみつく「非モテ」

さて、この緩い排除の問題とからかい被害の関連について考えてみよう。前述したように、ハゲ男性の研究を行った須長は、ハゲ男性は仲間の資格を喪失しないよう、たとえからかわれても抗議、無視しないことを明らかにした。非モテ研でも過酷な現状が語られている。

カワさん：さっき、「ムッツリスケベ」っていう話があったと思うんですけど、私もそれ中学生の頃にクラスメイトに言われたことがあったのを思い出して。これ、ただの「スケベ」よりきつくて、自分の中の隠してた本質を見つけられた感じですごい恥ずかしくて、本当に嫌だったんですね。でも、それがエスカレートするといじめになるので、自分からいじりにしていくんです。ムッツリだって自分で自虐するようになっていきましたね。

カワさんの場合、「いじめ」を「いじり」に変えるために、主体的に自己を「ムッツリスケベ」と貶めたという。もしエスカレートしていじめの様相を呈することになれば、彼らの関係性は加害―被害を伴う緊迫したものへと一気に振り切れてしまう。問題は先鋭化し、「優しい関係」は破綻する。また、からかわれる側からすれば、それをいじめと認めてしまえば一方的にいじめられるだけの脆弱《ぜいじゃく》な被害者として自身を位置づけることになってしまう。

被害者であると認めたがらないことの背景には、いわゆる「男らしさ」へのこだわりがあることも想定される。しかし彼はただ「男らしさ」を維持するためだけに自虐という選択をしたのではない。なぜなら、自身を脆弱な被害者と位置づけてしまえば、それは中心的男性メンバーに明確に劣位に置かれることを意味し、同時にその集団に所属する資格を喪失することにもつながるからだ。つまり、カワさんは周囲との関係を破綻させないために、また集団から排除されないために、自分で自分を貶めざるを得なかったのである。さらに、からかわれる立場を自ら引き受けたという語りもある。

ハルキさん：（クラスメイトから）「とりあえずお前一人で歌え」って言われて、「うんわかった」って言ってソロパートを歌ったりとか、本読めって言われて「うん読む」って言って読んだりとか。それは別に僕は悪いとは思ってなくて、自分のキャラの立ち位置があったっていう前提で、動いてたんで。それがなかったら自分自身何もないっていう虚無感もあったかもしれないです。

ハルキさんはクラスの中の中心的な男性メンバーから与えられる理不尽とも思える指示に抵抗なく従っていたという。彼は「何もないという虚無感」から逃れ、何とか関係性を維持するために自らいじられる「キャラ」を引き受けている。

さらに、ゆーれいさんは一方的にいじられるのではなく、自らいじられにいっていたと話す。

ゆーれいさん：僕は割とあのー何ですかね。いじられることを望むタイプの人間だったんですよ。今はわからないです。僕もからかわれるようにふるまっていたし、みんなもからかってくるし、そういう場を僕もつくっていたし、みんなでつくっていて、ホモソーシャル的なからかい合う場ができてしまって辛《つら》くなって、抜けてしまったって感じなんですけど。（中略）ざっくり言うといじりには二種類あって、愛があるなっていうのがわかる人と、これは見下しているなっていうのがわかる人のパターンと二種類あって、当然愛がない人にからかわれるのは辛いんですが、愛があるいじりだってわかってるにもかかわらず辛くなるっていう時期があったんですね。「今はいじられキャラやりたくないねん」と思っていても、こちらもかつて望んでいたことなので強く反論することもできずに、愛があるというのはわかっているから勝手に辛くなるということがあったような気がします。

ゆーれいさんがかつて属していたコミュニティはからかいが常に発生している、からかいによって成立しているコミュニティと言えるかもしれない。彼はそれを形成・維持するためにあえて自らいじられる役割を担っていたという。須長の研究で確認したように、からかいという行為は遊びの文脈に位置づけられている。それはからかわれている側からすれば、からかいを受け入れることで、「これくらいのことも遊びとして笑って受け入れあえる仲」という形で、「親密な関係性」を確認する効果を持っている。

ゆーれいさんが所属できるコミュニティは他にもあった。しかし「からかい合うところにしか親密な関係性はないと思っていた。だからこそその集団にいた」と、ゆーれいさんは話す。しかし良好な関係は永遠には続かない。ゆーれいさんが自ら引き受けたからかわれる役割はいつしか固定化し、構成するメンバーからのからかいが辛くなっても、彼は抵抗せずにからかいを受け続けることになってしまったという。

以上を踏まえると、緩い排除を受け、漠然とした疎外感を抱いた「非モテ」男性にとってからかいを受け入れることは、集団の中心的なメンバーとの親密な関係を何とか維持するための、数少ない手段としての意味を持つことがわかる。

同期の男性たちから緩く排除されたタカハシさんはこのように話す。

タカハシさん：彼らと相性が合わないなとは思ってたんですが、彼らと一緒にコミュニティの中心にいることで、自分が認められてる感を得たかった。認められたいっていう気持ちが強かった。認めてもらいたい。でも認めてもらえない。なんで？　って。

西井：なんで認めてもらいたいって思うんでしょう？

タカハシさん：なんでだろう……。なんかしがみつくっていう感じですよね。認めてもらえれば自分の存在価値が証明される。逆に認めてもらえないと存在価値がないっていうふうに思ってたのがすごいあった。彼らとは違うと思っていながらも、でもやっぱり上にいる彼らに認めてもらえれば自分の存在価値も証明されたことになる。そういう違和感の中で引き裂かれるのかなあ。

緩い排除は、相手を完全に排除するのではなく、努力次第で集団への所属を維持できる可能性を残すところにポイントがある。その可能性を求めて排除された側は必死になる。これまでの人生の中でからかいを受け続けたことで自尊心を削られた「非モテ」男性にとって自己像は非常に不安定なものであり、からかう側、つまり権力を持つ側によってしかか価値は証明されない。なぜなら、何を達成すればからかわれないのか、疎ましがられないのか、その中身を決めるのは権力を持つ側だからである。彼らに完全に排除されれば、一層未達の感覚は深まり、自己像が揺らぐことになる。だからこそ「非モテ」男性は彼らにしがみつく。どうしようもなく。仲間入りするための焦燥に駆られることになる。

あだちさん：多分すごい飢餓状態にあるんです。自分に価値がないっていう気持ちが強いから、とにかくそれに対応することしか頭にない。それ以上のことを考える余裕がなくて。（中略）どちらかと言うと社会的な価値観をすごく内面化してて。僕のイメージだと仲間入りっていう感じなんですかね。頑張ってそこにならなきゃみたいな。それができない自分がいてっていう感じです。

あだちさんは「飢餓状態」になり、何とか「仲間入り」を果たそうとしたと話す。非モテ研ではこれまで、唐突に筋トレを始める、ファッションやヘアースタイリングなどに過剰にこだわる、難関大学への入学や有名企業への入社を目指す、そしてセックスをすることや恋人をつくることに執着していくことが語られている。これらの思考や行動は、自己実現としてというよりも、排除されないよう追い込まれてそうせざるを得なかったという側面が強い。

しかし彼らの努力とは裏腹に、努力すればするほど「余裕がない」として馬鹿にされることになる。例えばモテようと努力すれば、「そんな必死になっているからモテないんだ」という非難と嘲笑が浴びせられる。一人前の男性になろうともがけばもがくほど、中心にいる男性メンバーとの関係性にしがみつけばつくほど、「非モテ」男性はからかわれ、疎外されることになるのである。

以上、終わりのないからかい被害、緩い排除、排除されないための自虐といじられ役の受容について見てきた。男性集団内の権力性と序列化を背景としたこうした力動の果てに、「非モテ」男性は「自己レイベリング」の状態に陥ると考えられる。

別のコミュニティでも……

ここまで男性たちの学校経験を中心に論じてきたが、からかいなどが起きるのは学校における一部の、それこそクラスにおける中心的男性メンバーで主に構成されるような男性集団だけであり、それ以外の男性集団や、学校外の集団では問題はないのではないか、という意見があるかもしれない。もちろんそうした場合もあるだろうが、非モテ研ではなかなかシビアな現実が語られている。

直樹さん：高校ぐらいから、垢抜《あかぬ》けていく友人たちから「お前らはダメだなぁ」とか「ダサいなぁ」とか言われて、周りのオタクというか一緒にゲームする友人たちは、一緒にいると自虐というか、ダメ人間というようなノリを一緒にさせられてましたね。

直樹さんは垢抜けていく友人たちから馬鹿にされ、周囲のオタク友だちからは自虐ノリを求められたという。

さらに、「学校に行っていなかった頃、友人にあだ名をつけてからかったり、学歴を理由に他者を見下していた」「無職の人も集まるグループで、メンバー同士が能力の有無などでマウンティングする風潮があり、見下されることに常に怯《おび》えていた」というエピソードも非モテ研では語られている。

このように、中心的な集団だけでなく周縁化された集団においても男性規範をもとにしたからかいの文化が根を張っており、男性同士の権力構造が男性たちを貫いている。だとすれば、他者をからかい、排除する存在として、中心的男性メンバーだけを槍玉《やりだま》に挙げることはできない。なぜなら、「非モテ」男性もコミュニティが変われば打って変わってからかう側に回ることがあるからである。

『ハゲを生きる』の中で、須長はからかう側にも焦点を当て、その攻撃の動機について分析を加えている。髪の毛が薄いことを理由に彼らを劣位の存在として攻撃を仕掛けることで、相対的に自らの優位性を確保し、自分は「男らしい」存在であると周囲に表明することが可能になる。また「攻撃は集団内の異質性を排除することによって自らの集団の同質性を高め、それによって互いの結束の強化を図るという効果をもっている」と須長は指摘する。

からかわれる側にならないために、自身のアイデンティティを脅かされないために、つまり自身の優位性、しいては男性性を担保するためにからかう側に回る……。男性たちは絶え間ない競争と排除の世界を生きている。

男性の生きづらさ論、再考

さて、ここまでのことを一旦整理しようと思う。まず、「非モテ」男性たちはコミュニティの中心にいる男性や女性から、男らしくないことを理由に頻繁にからかわれ、そのため「自分は一人前の人間ではないのではないか」という不安を抱いている。また、からかいとセットで男性集団内で緩い排除も受けている「非モテ」男性は、集団から完全に排除されないように、自らからかわれる役割を引き受けて自らを貶め、「自己レイベリング」が生じていく。

実際にはその集団から離れるという術《すべ》も残されているのだが、そこにしか自分が存在証明される世界がないと思い込んでいる／思い込まされているために、必死に中心メンバーとの関係性に縋《すが》りつき、男性同士のからかいの会話形式や「男らしさ」をめぐる競争の文化を無自覚に維持していく。こうして抜けることのできない自己否定の沼にはまっていく……。

以上の整理を踏まえて、田中の「男性の生きづらさ」論を改めて検討してみよう。田中の議論は、社会がつくり出す「普通」の男性像にこだわるがゆえに「男性の生きづらさ」が生まれてくる、というものであった。この論理は妥当ではあるが、なぜ男性たちが「普通」の男性像にこだわるのかについて、十分な説明がなされていなかった。

この「普通」にこだわってしまう過程の分析が不十分なまま「男性の生きづらさ」論を展開した場合、「男性は他の選択肢があるにもかかわらず男らしい生き方にこだわっているのだから、それで生きづらくなったとしてもそれは自業自得だ」という言説を呼び込むことになってしまう。しかし「非モテ」男性と周囲の男性との関係性を追っていくと、「非モテ」男性が「普通」の男性像にこだわらざるを得ない実情が浮かび上がってくる。

田中は「男性の生きづらさ」への対処として、まずは落ち着いて理想の男性像と自分を比較するのをやめるべきだと男性たちに提案する。確かに教育やメディアによって過去に植え付けられた価値観は時間をかければ自分一人で折り合いをつけることができるかもしれない。しかし現在進行形で自尊心を幾度となく削られ、集団から排除されないようにあがく「非モテ」男性の現状を鑑みると、「落ち着いてください」という提案は半ば自己責任的な解決案に聞こえる。「男性の生きづらさ」は葛藤や悩み、プレッシャーといった男性個人に内在する問題としてだけではなく、男性たちがこれまで受けてきたからかいや排除といった、男性集団の権力構造を背景とした周縁化の問題と関連させて論じなければ、その総体を把握することはできないのではないだろうか。

ただし、男性たちが「普通」であることを強いられているという側面を強調することには注意も必要である。そもそも現行の社会構造は、女性たちが性規範に従った場合、無償のケア役割という従属的な立場を強いられる一方で、男性は性規範にうまく乗れば多くの特権や社会的評価を得ることができる仕組みになっている。男性の「普通」と女性の「普通」には圧倒的な非対称がある。「普通」へのこだわりを心理的に断ち切る術を模索するだけでなく、「普通」の男性に多くの特権が集中する社会構造そのものを問い直していく必要がある。

また、この男性同士の権力構造にはジェンダー以外の要素が関わっていることも見逃してはならない。本書では扱いきれないが、障害（発達・精神・身体）、経済格差（富裕層／貧困層）、教育格差、セクシュアリティ（異性愛／同性愛など）、民族性（日本人／在日外国人など）、地域性（都市／地方）などの面でマイノリティ性を持つ男性ほど周縁化され攻撃の対象になる。実際、非モテ研に参加するメンバーにはこうしたマイノリティ性を持つ男性が少なくない。だとすれば、「男性の生きづらさ」は、単なる「男性」という属性ならではの問題として抽出するのではなく、ジェンダー以外の差別の問題を含む、あらゆる要素が関連する複合的な問題として取り上げる必要があるだろう。

なぜからかい被害は浮かび上がらないのか

「非モテ」男性が追い詰められ、また自らを追い詰めていく過程から、「男性は自身の被害経験を語らない」という問題にも一つの示唆が与えられる。男性は男らしさへのこだわりゆえ弱音を吐かない、援助を求めない傾向にある、という問題提起がこれまで男性学によって何度もなされてきた。確かにその可能性は無視できないだろう。しかし、弱音を吐くためには、まず自分が傷ついていること、思い悩んでいるということを認識する必要がある。その認識を言語化して初めてそれは弱音として表出することが可能になる。裏を返せば、認識されなければ痛みや傷つきは表出されることのないまま、個人の中に蓄積されていくことになる。

その点、からかい被害は「被害」として認識しにくいという特徴がある。なぜか。被害とは通常一方的に害を被るものとして想定される。しかしここまで見てきたように、「非モテ」男性が受けるからかい被害は完全に受け身的なものとは言えない。自らからかわれにいく、緩い排除の結果自ら集団から離れるといったように、「非モテ」男性は自分に向けられたからかいや排除に自ら手を貸してしまっている側面があり、その動態は単純に能動／受動で切り分けられない。「非モテ」男性はからかいが容認されたコミュニティの被害者でもあり、同時にそのコミュニティの維持に手を貸す協力者にもなってしまっているともいえるかもしれない。

また、「いじめ」を「いじり」にするために自虐する、などのように、たとえそれを被害と認識しても被害として訴えない様相も明らかになった。そこには、何とか自身の自意識を守り、集団から排除されまいとする「非モテ」男性の生存戦略がうかがえるだろう。

以上の結果として、からかいの被害はなかなか公にされず、その加害者も明確にされぬまま、「非モテ」男性は自己否定の檻《おり》に閉じ込められ続けることになる……。

しかし「非モテ」男性の物語はここで終わらない。競争関係が蔓延する男性集団の中で疎外感を抱え続ける「非モテ」男性は、自分を受け入れてくれる存在を求めて動き出す。

次章からは「非モテ」男性が女性に過度に執着していってしまう問題を取り上げていこう。

第四章　女神への執着と非モテ

本章では、「非モテ」男性が女性との親密な関わりを持つことに過度に執着していくプロセスを描いていく。執着の理由として、その男性が異性愛者ならば本能的に女性を求めるのは当然だ、という説明があるかもしれない。しかし、ここではそうした本質主義的な要因とはまた別に存在しうる、社会的要因の可能性について論じたいと思う。

〝一発逆転〟の物語

前章では、「非モテ」男性が周囲から追い詰められ、そして自分でも自分を追い詰めていくメカニズムを明らかにした。またその過程において、男性集団内でからかわれ、〝緩い排除〟を受けた結果として、それでも何とか集団に留まったり、自意識を守ったりするために、筋トレや難関大学への受験など、さまざまな手段を講じるようになると説明した。

そうした手段の中でも、恋人ができるということは「非モテ」男性にとって非常に大きな意味を持つ。恋人ができさえすれば自分の不遇な状況は挽回されるのではないか……という考えが展開されていくのである。非モテ研ではこの独特の思考を〝一発逆転〟と呼んでいる。なぜ恋人のできることが挽回することにつながるのか。

その理由として、まず〝未達の感覚〟が解消されるという可能性が挙げられる。背が低く、運動もできない、多数派のコミュニケーション規範に乗り切ることもできない、もうどうしようもない袋小路の中で、いまだ体験したことのない「恋人ができる」という事象は、「非モテ」男性にとって大きな希望として映る。例えば私は童貞であることに劣等感を抱いていたが、性経験を果たすことができれば、一つの欠点が解消され、自分の価値が底上げされるのではと思っていた。

また、恋愛という文脈で女性と関わることができれば、恋愛話、つまり「メンズトーク」に参入することができる、という発想も一発逆転の思考を促している。普段緩く排除された「非モテ」男性にとって、コミュニケーションを通じて他の男性たちとの関係を築くことは重要な意味を持つ。

さらに、思いを寄せる相手と結ばれることで、確固たる関係性を確保できたという実感が得られる（かもしれない）ことも大きい。

あだちさん：背景的なところとして、僕は一般的なライフコースを歩むべきっていう前提を内面化してて、大学出て就職して結婚して家庭持って幸せみたいなのが前提であって、それを満たしてない状況、普通じゃない自分はダメなやつみたいな思いがあって。辛いとか、自分に価値がない不安や自己否定感、そういう気持ちがあって。（中略）結婚することによって承認される。実存が安定して、安定した人生が送れて、子を持ち、家庭を守ることで生きる意味が満たされる、自分の価値が回復するみたいな、そういう感じで思ってました。

あだちさんは不安感や自己否定感に苛まれ、また結婚することによって「実存が安定」すると考えていたという。第三章で見たように、漠然とした疎外感を抱き、また何をすれば仲間として承認されるのか不明確なままでいる「非モテ」男性は、常に関係性に対する不安感を抱いている。何が正解かわからない、すぐに底が抜けてしまいそうな不安定な日常を送り続けているのだ。その際「結婚」という法律で保証され、かつ異性愛主義に裏打ちされた「確実」な関係性は、不安定な世界を生きる自己を安定させる手段として位置づけられていると考えられる。恋愛関係が婚姻関係へと直接的に接続されると考える「非モテ」男性は多く、恋人ができることでも同様の安定感を得られることが推察される。

「未達の感覚の回復」「男性集団への参入」「確実な関係性の確保」、これらが満たされると考えるからこそ「非モテ」男性は、恋人ができることで一発逆転を果たすことができると考えるようになる。ただし、こうした利己的な欲望にためらいを持つ声もある。

まこさん：学生時代にモテなかったから若い人にモテたいっていう気持ちがあったりするんですよ。埋めたいというか、その学生時代を。埋めてしまいたいという気持ちは今でもあるんですよね。それって自分のコンプレックスを埋めたいだけなんじゃないかなと思うと、いざそういう人が現れると申し訳ない気持ちになってくるし、なんか不誠実っていう気持ちになってくる。

しかし、恋人をつくることへの執着は止められない。その思考は、自己否定を深めれば深めるほど加速していく。どうしていいかわからない八方ふさがりの中で鬱屈した感情だけが膨れ上がった結果、まるで膨張した空気が一つの穴から一気に流れ出すように、「非モテ」男性は一発逆転という発想に望みを託す。「これさえ、これさえ満たすことができれば……」と。しかし、その思考は周囲には受け入れられない。

まこさん：モテないから死にたいっていう、そういうところまで追い詰められた時にネットを見てみると、「なんでそんなことで」っていう人はやっぱり多いんですよ。（中略）その時に聞いてあげられる人がいない。聞いてあげて、しかも共感できるっていう人が本当に少ないっていうのは、（中略）まあそういう理解されない苦しみっていうやつはどうしても出てくるんですよね。やっぱり俺駄目なんじゃないかって思ってしまう。

西井：そういうのって、まこさんも言われたことあるんですか？

まこさん：結構ありますね。「気にすんなよ」とか、「それはお前が努力してないからだ」とか、そういうことは結構言われるんで、だから僕は正直ネットを見てもあまり得しないなっていうのは見てて思いましたね。

からかいや排除の痛みを知らなければ、「非モテ」男性がなぜそこまで恋人ができることを切実に願うのかがなかなか理解されないように思う。周囲から見れば、モテたいという欲望に縛られて勝手に苦しんでいるように見え、「なんでそんなことで」と言いたくなるかもしれない。周囲から苦しみを理解されない「非モテ」男性は、より孤独感を募らせることになる。

〝女神〟との邂逅《かいこう》

ところが、女性と深く関わる機会が「非モテ」男性に稀《まれ》に訪れることがある。例えば進学した大学や新しく始めたバイト先で。その時「非モテ」男性にどのような現象が起きるのだろうか。次にそうした出会いを経た「非モテ」男性の物語を見ていこう。

ハーシーさん：僕も学生の時に全然女性と喋れなかったし、経済の大学に行ったので女性の比率が少なくて、サークルも男性しかいないところで女性と触れ合う機会が全然なかったんですね。その状況で触れ合える女性を見た時に、女神だなと思っちゃうんです。人間だと思わずに神聖な存在っていうか、同じ生き物なんですけど、セックスの対象としても見られない。（中略）僕の恋はいつも人に優しくされることから始まってるんですけど、Aさんも例外じゃなくて、大学入ってバイト先で出会った人なんです。そのAさんっていう人が僕にすごい優しくしてくれて、人生に絶望してた僕にとってすごい女神的な人だったんですね。

〝女神〟。「非モテ」男性を一人の人間として敬意をもって接してくれる女性のことを、非モテ研ではそう呼んでいる。ハーシーさんが話しているように、その存在は「人間」とは思えない。これまで女性との交流機会が少なかったゆえに、そして優しく関わってくれたがゆえに、彼は同僚の女性を等身大の個人ではなく女神として神聖視したと話す。

女性との交流機会の少なさと、優しく関わってくれるということだけで、なぜ〝女神化〟というスペクタクルな現象が起きるのか。その謎を追う前に、緩い排除の末に孤立していった「非モテ」男性がどのような世界を生きているかを見ていきたい。

孤立の果てに

烏さん：進級して友だちが減っていって、つい周りを馬鹿にしちゃうような感じを高校の時に抱いてましたね。でもそれは正直に言えば馬鹿にしてるから友だちになれなかったというか、友だちになれなかったから馬鹿にしていた。はい。大学に入学してサークルとかに入ろうとしても、こう、いわゆるリア充的なノリについていけないような感じはありまして。（中略）僕の入った大学は有名国立大やったので、リア充そうな人を見かけるたびに「彼らは僕より学歴が低い」ということで毎回必ず再確認して、馬鹿にして、精神の安定を図ってすれ違っていました。大量の人と。
西井：学歴が同じぐらいやったらどうやって馬鹿にするんですか？
烏さん：思い出して痛々しいですけど、「（彼らは）自分が何もないからつるんでるんや」とか。なんやろな、こう、別に何も……。頑張って馬鹿にしようとするんやけどな。怖くないぞ、みたいな。頑張って馬鹿にしてる。
タカハシさん：わかるー！
もる太さん：めっちゃわかる。
西井：なるほど。つまり周りを馬鹿にしていれば、自分が一人でいるということも覆い隠せるというか、あいつらは取り柄がないからつるんでいるのであって、自分には何か取り柄があるだろうと。だから一人でいられるんだ、と。
烏さん：そう。それが何か今はわからないけれど、それくらいすごい取り柄がある（笑）。
他メンバー：はははは！（笑）
シュンスケさん：これは孤立していくだろうなぁ。
烏さん：確かに付き合いにくいですね……。
「非モテ」男性は度重なる緩い排除の経験によって、「誰もわかってくれない」「安心して話せる人がいない」という意識を抱いており、また実際にそうである場合が多い。関わる人は確かにいるかもしれないが、真に理解されたことはなく、深い孤独感を抱いている。その現実はあまりにも辛い。その現実を直視せずに済むよう「非モテ」男性は、自分は理解されないのではなく、誰にも理解できないというストーリーをつくり、そのストーリーの中を生きることになる。自身の孤独と孤立を何とか合理化して防衛しようとするのである。

理解できない、という理路を形づくるには周りが自分を理解できないほど愚かだということと、自分は周りが理解できないほどすごい、という説明を組み込む必要がある。友だちができなかった烏さんは、そのために周りを「頑張って」馬鹿にしていたという。

同様にたぬきさんも、周りの人間に自分のことが「わかるはずがない」という思考に至った経緯を話している。

たぬきさん：僕は元々小さい頃から友人がなかなかつくれない性質でして、大学の時もいろいろ人間関係でトラブル起こしたりしてきてますね。そこで友だちつくる方向にいけば良かったんでしょうけど、なぜか被害者意識が出て、なんかこう、誰もわかってくれないっていう方向にいったんですね。そういうのを重ねるたびに孤立している自分にちょっと酔ってしまって。で、その酔った自分にますます逃避していったんですね。辛い現実から。そのせいでますます自分から人との関わりを断っていって。ひどい時にはもう周りの人間が敵にまで見えてしまって。で、その、現実ではますます孤立をしていって、人が自分をわかってくれない、わかるはずがないって、なんかもう思い上がりみたいなものが出てきて、ますます強化されていって。そういう思いが。

西井：どういう感じなんですか、孤立している自分に酔うというのは？

たぬきさん：誰にもわかってもらえない、誰にもわからない自分のすごさは、という感じです。

あだちさん：烏さんとかぶりますね（笑）。

オサムさん：その孤立して自分に酔ってる時っていうのは、孤独感はどうなってるんですか。

たぬきさん：常にありました。ずっと。

たぬきさんは非モテ研に深くコミットする最年長のメンバーだが、いまだに「非モテ」の苦悩を抱え続け、それを何とか整理したいという理由から非モテ研に参加している。いつも素敵な帽子をかぶって顔を見せてくれる。

彼は周りが「わかってくれない」「わかるはずがない」として現実逃避しながらも、実は誰かに「わかってほしい」という思いがあったと、恥じらうような、申し訳ないような様子で語った。

たぬきさん：それで、当時聴いていた曲にポルノグラフィティの『アゲハ蝶』という曲があるんですけど、そこに「ただそこに一握り残った僕の想いをすくい上げて心の隅においてて」という歌詞があるんですね。わかってほしい、あなたにだけは。人は誰もわかってくれないけれどもあなただけにはわかってほしい。結ばれないかもしれないけれど、でもその思いだけはわかってほしいという。（中略）被害者意識から勝手に自己愛を肥大化させて。で、まあ、頭の中で自分の世界に没頭していった。

烏さん：僕も「あなただけはわかってほしい」って思ってました。

「非モテ」男性は、本当は誰かに理解されたいと願っている。その時、目の前に現れた自身に友好的に関わってくれる女神に大きな期待を抱くことになる。「この人ならば孤独で不遇な状況にある自分を理解することができ、救い上げてくれるのではないか」と。

その期待が恋愛対象ではない周囲の男性に向けられることはない。なぜなら「非モテ」男性にとって彼らはからかいという攻撃によって自身を脅かす危険性を孕《はら》む、隙を見せられない存在だからだ。「男性が怖いので相談できない」と非モテ研で語られたこともある。その点、女神は未知数な部分が多い上に、初対面で優しげな関わりを見せているため、「非モテ」男性は、「この人ならば」と過度な期待を抱く。そこには女性ジェンダーも反映されている。

攻撃を恐れて開示してこなかった自分の気持ちを、否定され続けて傷ついた身体を、そしてあなたに対する思いを、受けとめてほしい……。その願望は、すでに構築された一発逆転の物語も相まって、強力な執着へと変貌していくことになる。

ポジティブが加速する

恋人ができれば一発逆転できる。その切実な思いは周囲に理解されず、またそもそも周囲から孤立し友人の少ない「非モテ」男性は、誰にも相談できないまま自分一人だけで女神と交際するためのアプローチを考えていくことになる。女神は一体どのような人で、これからどう関係が発展するだろうか。叶《かな》うならばこうだったらいいのにな……。

あだちさん：僕、多分すごい世話焼きなんだと思うんですね。その世話を焼かせてくれる人を求めてるような気がします。人に頼るのが苦手な人とか好きですね。この人は人に頼るのが苦手やからきっと孤独なんやろうなあと、ストーリーが勝手に頭の中で始まって、俺はそれをわかってあげてるんだぜってなる。（中略）自分がいて、好きな人がいて。その二人の間に妄想とかストーリーみたいなのをいろいろ描いて。相手の一挙手一投足を見て、俺のこと好きなサインちゃうかなって、これはちゃうんかなーとか、やっぱり好きなんちゃうんかなーって、それで延々と……一生とは言わんけれどもだいぶ遊べるんですよ。
他メンバー：はははは！（笑）
あだちさん：電車乗ってる時とかもそういうことして遊ぶんですよ。そういう時に「僕、結婚したい」とか独り言で言ってるんですよね。これをやるから多分エネルギーが強くなっていくんやと思います。

あだちさんは、女性とのコミュニケーションから相手の性格を推測しているわけではない。あくまで個人の主観によって、しかも自分が充足できる形で「ストーリー」を構築していったという。苦しい現実を生きている「非モテ」男性にとって、女神との妄想上の関わりは当然ポジティブなものになる。ポジティブなものでなければならない。「あの子は自分のことを好きなんじゃないか」「自分のこうした関わりを待っているかもしれない」「このようなデートをすれば成功する」。時に恋愛漫画のワンシーンなども参考にしながらストーリーは構築され、できあがった〝ポジティブ妄想〟を「非モテ」男性は頭の中で繰り返し繰り返し楽しむのである。

念のため補足しておくが、女神化にしろポジティブ妄想にしろ、それ自体は全く問題ではない。他者を理想化したり、その相手とのファンタジックな関わりを夢想する人は多いだろう。

ところがその妄想が頭の中だけで収まらなくなり、次第に自身の行動にまで影響を与えていくことがある。ポジティブ妄想は現実に染み出してくるのである。あだちさんは自身のストーリーに沿って、相手にメールを送ったという。

あだちさん：なんか勝手に相手の内面を想像してる。すごくこっちを振り向いてほしいみたいな気持ちがあって、この人はこういう傾向やからこういうふうにやったら返信が返ってくるはずって、そういうことは僕も好きな人に対して考えてたりしますね。ただ大体あんまりうまくいかない。

頭の中だけで繰り広げられていたポジティブ妄想が現実に反映されていく過程を、タカハシさんの語りは端的に表している。

タカハシさん：例えば好きな人がいてその人と会ってない時、どうしても好きな人のことを考えるんで、どんどんどんどん自分の頭の中で勝手にイメージが肥大化していくことがあるんですよね。（中略）うん、その人の人間像を勝手につくっちゃう。自分の中で。会った時に受けた印象から、情報からつくる。どんどん一人で膨らませてしまう。で、勝手に期待してしまうっていう。（中略）自分のこうなったらいいなっていうのを、それをどんどんどんどん相手に投影させてる。

ここで着目するべきは「一人で」という言葉である。頭の中で構築された「イメージ」が誰にも共有されないということは、それが相対化されることもないということである。それは絶対的なものとして「肥大化」し、タカハシさんは最終的にそれを相手に投影したという。

数多くの女性からの恋愛相談を受けてきた桃山商事の清田隆之は、相手の男性とは仕事上の関係のつもりなのに、少し褒めただけで気があると思われた、食事に行っただけで口説かれたなどの女性たちの声を著書の中で紹介している。[*1] このように男性たちが「何かと恋愛的な文脈で受け取る」ことの要因について、清田は自分の経験も振り返りながら、性別意識に囚われていること（仕事仲間を「女の子」として見てしまう）、そして恋愛的な自己評価が低いこと（普通なら褒められるはずはないのに、わざわざ褒めてきたということは……）を挙げている。それは相手の女性を女神として見てしまい、また恋愛的どころか、日常的なコミュニケーションからも疎外されて自己評価が低くなってしまっている「非モテ」男性にも当てはまる。

その上で、前述のタカハシさんの語りを踏まえると、清田の説明にさらなる仮説を加えることができる。つまり、「職場の同僚」「仕事相手」「クラスメイト」「先輩―後輩」「友人」といった相手との現実の関係性を恋愛的な文脈に読み違えてしまう過程には、誰からも相対化されることのないまま、繰り返し積み重ねられてきたポジティブ妄想の存在が大きな役割を果たしていると考えられる。

拙速なアプローチを支えるもの

「イメージ」や「ストーリー」を反芻《はんすう》するうちに、頭では恋愛的な関係になっていないことはわかっているが、気持ちの面では関係性が進展しているかのような自信がせり上がってくる。いわばイメージによって関係性のとらえ方そのものが支配されてしまい、その結果として、「非モテ」男性は拙速なアプローチに走ってしまう。

ハーシーさん：バイトのない日に差し入れを買っていって、バイトで働いてるAさんにケーキとかをプレゼントするだとか、誕生日に一万円のピアスを買ってあげてプレゼントしてあげるだとか、バイトの休憩、僕の分をAさんに完全にあげて僕の分も休憩を取らせてあげるとか、すごい献身的にいろいろやってたんですね。

ハーシーさんはアルバイト先の同僚であるAさんに思いを寄せ、ケーキの差し入れや高価なピアスのプレゼント、勤務の肩代わりなどもしていたという。似た経験を持つメンバーは多く、非モテ研では〝先回り奉仕〟と呼んでいる。

一見それはケア的な営みにも思えるかもしれない。実際「非モテ」男性は本気で相手の役に立ちたいと思っているのだ。しかしケアとは本来相手のニーズや状態を踏まえてなされるものである。相手に頼まれたわけでも、相手が置かれている状況を観察したわけでもなく、それで相手が喜ぶだろう、喜ぶはずだというポジティブ妄想に基づいて実行されている点において、先回り奉仕とケアには大きな隔たりがある。

相手の意思を置き去りにした一方向的な行動は他にも語られている。

ゆうきさん：自分も初めて女性と食事に行った時に、相手が出すって言ってるのにそれを拒否して全額奢《おご》ってたんですよね。でも全額奢る時ってパニックになってるんです。初めての経験なんで。もう奢るという選択肢以外のことが考えられなくなってましたね。何も考えてないから、あれどうだったんだろう、という話にもならないんです。

タカハシさん：やりがちなのが、好きな人に対してだけはやたらと身体的な特徴を褒める。他の人には全然しないのに。要はあれですよね、女性はそういった（身体的な）変化を褒めてくれると嬉《うれ》しいっていう、そういう価値観をインストールしてしまってそのまま実行するっていう。あと、これは今でも僕が一番後悔してることなんですけど、好きな人が悩んでる時に、悩んでることを無理矢理聞き出そうとしてその結果距離を置かれてしまったっていう。要はあれですね、頼れる男アピールっていうのがしたかったたっていうだけなんですけど。今思うと本当にすごい恰好《かっこう》悪かったなって思うんです。頼れる男アピール……。

判断が分かれるかもしれないが、相手が望んでいないのに奢ることは、相手の意思や事情を無視している点で相手を軽んじることになりかねない。また、タカハシさんがアプローチした相手は大学の知り合いだが、知り合いの身体的な特徴を取り上げて評価することや、悩んでいることを無理に聞き出すことも、侵入的な行為になるだろう。

他にやりようはなかったのか。特にゆうきさんの場合、素直に割り勘にすることもできたはずだ。

にもかかわらずこうした拙速な行動をとる理由は、彼らが語る「奢るという選択肢以外考えられない」「価値観をインストールしてそのまま実行する」という発言に現れている。つまり「非モテ」男性は、そもそも参照できる行動の選択肢が乏しいためにその選択肢を選ばざるを得ない、もしくはその行動をするべきだという価値観をインストールして思い込んでいるという可能性が考えられる。そして彼らが選ぶ（選ばざるを得ない）ふるまいには、タカハシさんが言うように、「積極的で頼れる男性」というイメージが反映されている。

これまでの語りで見てきたような、肉体労働の肩代わりをし、気前よく奢り、さりげなく見た目を褒め、女性の悩みに耳を傾ける……。こうした積極的にリードする男性イメージは、性別を問わず多くの人たちの間で（実際にそれが求められているかどうかは別にして）称揚されているように思われる。そしてメディアや周囲の人間からのメッセージを媒介して、「非モテ」男性の中に織り込まれていくことになる。

この「積極的で頼れる男性」こそが正解だという価値観は「非モテ」男性の身体全体を

覆い、例えばどう接していいかわからずパニックになっている時や、ポジティブ妄想が加速して相手との関係性を読み違えている時に、過剰な形を取って具現化する。

ただし「積極的で頼れる男性」のイメージだけを推し進めたアプローチは、別にそれを行うのが「非モテ」男性でなくても、相手にとっては拙速で、侵入的なものに映る可能性は大きい。*2 女性と親密な関係を築くには男らしくふるまうしかないという考えに縛られて、それ以外の関係性構築の方法が男性にほとんど開かれていないという実情がある。

さて、こうして拙速なアプローチに至った「非モテ」男性は時に一線を越える。女神に対する加害を行ってしまうのである。

手を握る、頭をなでる、抱きしめる……

ポジティブ妄想を繰り返して関係性を読み違え、無意識にインストールした「男らしい」手段によって、拙速なアプローチを取る「非モテ」男性が加害的なふるまいに至ってしまう場合がある。「同意のない身体接触」と「ストーキング行動」に分けて説明していきたい。

タカハシさん：昔デートした時に、相手が大丈夫だよって言っているにもかかわらず無理に全額奢った。というのと、その時に、ちょっと二人で密室になるシチュエーションがあったんですけども、その時に無理矢理手を握ろうとして、それで拒否される……。

手を握る、頭をなでる、抱きしめる、手の甲にキスをする……。まだ恋人関係になっていないにもかかわらず、同意を取らずに身体接触をしてしまったという〝やらかし〟の語りは多い。非モテ研では基本的にどの経験談も否定されることはなく、それは加害経験の語りも例外ではない。加害した事実を批判するのではなく、次回同じ状況になった時また同じ行為をしてしまわないために、なぜそうしてしまったのかの研究がなされる。

印象的な加害のエピソードを二つ紹介しよう。

①たぬきさんのエピソード

たぬきさんは学生の頃、同郷であるという理由から後輩の女性と親しくなり、優しく接してくれる彼女に思いを募らせていた。そして授業後二人で帰っている最中にいきなり相手の頭をなでてしまったという。相手はそれを表面上軽く受け流していたが、次第に距離を置かれてしまった。この時たぬきさんは、これまで女性とうまく関わることができず、奇跡的に仲良くなれた彼女に対して「もうここで捕まえなきゃ逃してしまう」という焦りが急激に募り、「ここで触らなきゃ」という考えに取りつかれていたという。

②ハーシーさんのエピソード

ハーシーさんはインターン先の女性社員と、夜オフィスで二人きりで作業することになった。相手との距離も近く、さらに近づきたいと感じたハーシーさんは、マウスを動かして作業する彼女の手をつい触ってしまった。彼はこれまで女性に片思いをした際に周囲の男性から「ガンガンいけ」「アタックしてみろ」とけしかけられており、女性社員と二人きりの時にもその声が脳裏に浮かんだ。また同時に、「年上で優しいこの人ならば受け入れてくれるんじゃないか」という考えも湧いてきて、最終的に手に触れたという。

この二つのエピソードに共通するのは、相手との関係を深めるために身体に触れたという点である。しかしなぜ女性との関係を深めるために、頭をなでたり手を触ったりする必要があるのだろうか。

その理由として、まず、「非モテ」男性は相手の身体に触れることで「あなたを真剣に思っている」と（アピールになっていない）アピールができると思っていることが挙げられる。この「強引なふるまいが相手との関係性に対してプラスに働く」という思考は、世間にしぶとく生き残る「女は押しの一手だ」という風潮によって下支えされている。それは例えば文学、映画、ドラマ、そして現代の少女漫画の一コマにさえ色濃く反映されており、「非モテ」男性は「積極的で頼れる男性」のイメージ同様、内面・身体にインストールしている可能性が考えられる。ハーシーさんの頭に浮かんだ「ガンガンいけ」という声も地続きにあるものだろう。

さらに、「非モテ」男性にとって身体に接触することは「ここまで関係が進んだ」という（証明になっていない）証明になると認識されている。ポジティブ妄想が進んだ結果、じっくりと相手との距離を詰めるのではなく、先に既成事実をつくろうとしてしまうのである。ああ……。

早く女神的な彼女と付き合わなければという強迫的な思いに駆られていたたぬきさんのように、その飛躍した思考には、女神に救い上げてもらうことで一発逆転することを必死に希求する「非モテ」男性の〝すがり〟のようなものが見て取れるだろう。しかし接触される側からすればたまったものではないし、それは恐怖として刻み込まれることさえある。

ストーキング行動

「早く恋人をつくらなければ」という強迫観念と、自身に取り込んだ「女は押しの一手だ」という風潮。それらに加え、「非モテ」男性が加害に至るメカニズムを説明する上で、もう一点、ハーシーさんの語りに見られる「この人ならば受け入れてくれるんじゃないか」という内なる声に着目する必要がある。「非モテ」男性は、このように自身の行為を正当化するための独自の理論を組み上げている。

そのことを念頭に置きながら、次は非モテ研で語られたストーキングやそれに類する経験の語りを見ていこう。

まこさん：あと高校時代、その高校を選んだっていうのが好きな人が行くからっていう理由だったんですね。

シュウサクさん：あ、わかります。好きな人がいるからその大学に行くっていうのは僕もすごくよくわかって、僕も好きな女の子が○○大学に行くからっていう理由で○○大の願書取り寄せたことがあります。

例えば、まこさんとシュウサクさんは思いを寄せる女性の進学先についていこうとしたという経験を共有していた。他にも、相手が大学で受講している講義をチェックして自分も受ける、相手の学校からの帰り時間を調べて同じ時間に合わせるなど、相手に接近しようとする行動が語られる。

また、彼女を身近に感じたいという理由から、相手の情報や近況を過度に知ろうとしたり、相手にまつわるものを手に入れようとしたりすることがある。例えばハーシーさんは、女神の昼食で出たゴミを持ち帰ったという。

ハーシーさん：それでストーカーみたいなことをして、バイト先でお昼ご飯を……その人がお昼ご飯にパンを食べたとするじゃないですか、菓子パンをね。で、そのゴミを持って帰るみたいな。

烏さん：ガチのストーカーやん。

ハーシーさん：マクドナルド行ってストローとかナプキンを持って帰るみたいなことがあって。

もる太さん：やってしまいましたね……。

ハーシーさん：これは思い出を持って帰ってるんだ、みたいな。

この行為には、ハーシーさんが愛読していたノンフィクション漫画のエピソードが影響している。主人公が類似の行為をしつつも相手の女性と結婚したことを受け、自分も同じ行為をしたとしても問題ないのではと考えて、ハーシーさんは自身の行為を正当化していたという。
「非モテ」男性の驀進《ばくしん》は、相手の女性からフラれたり、距離を取られたりした後も続いていく。

鳥さん：その人に彼氏ができるんですよね。その辺でかなり（苦悩の）ピークに来て、まあ本当バカだなって思うんですけど、その人に彼氏がいる状態なのに、だからもうほぼ無理だってわかってるのに告白するんですよね。その状態では告白せずに、その人が別れたタイミングで告白するとか他にやり方はあったはずなんですけど、まあその、抑えきれなくなって告白してしまって……。で、告白した後にもかかわらず、あんまり連絡とかしてほしくなさそうにもかかわらず、連絡しちゃったりしますね。

鳥さんは、思いを寄せる相手にパートナーがいることがわかっているにもかかわらず、思いを「抑えきれなくなって」告白したという。この現象を私たちは〝自爆型告白〟と呼んでいる。無理だとはわかっている。わかっているんだけど少しでも自分の思いをわかってほしい……。烏さんはその後も相手が「してほしくなさそう」だと気づいているのに繰り返し連絡をしてしまう。そしてその背景には被害感があったという。

烏さん：タチの悪いことにパニックになるだけじゃなくて被害感みたいなものもあって、「話が違うやんけ」みたいな。そんな話してないのに。（中略）自分が告白したから何かしらの見返りがあっていいんじゃないか、応えてほしいっていう、告白したからもっと親しくなれるはずだっていうのが僕の中であったんですよ。でもそれは本当全然現実的じゃないというか、それは勝手に僕の中で思ってただけやな、ということなんですけど。

烏さんが「全然現実的じゃない」と後から気づいた、「何かしらの見返りがあっていいんじゃないか」という思考に共感するメンバーは多い。

あだちさん：僕もだから（自分の期待に）従わなかったら怒り出す傾向はありますよ

ね。女の子に対して「あんだけ世話焼いたったやん」って怒り方をする時はありますね。あまり認めたくないですけど。「あんだけやったったやんけ、なんで俺のこと好きって言わへんねん」って。

西井：あるなあ。あるわあ。なんか女の子に頼まれて何かをやった後とかに、その子が自分に対して冷たい態度を取った時とかに、「なんでそんな態度なん、あの時俺あれやったやん」みたいな。

ジュンイチロウさん：それ自分がしてやったからって期待しちゃうんですよね。

西井：そうですそうです。

ジュンイチロウさん：三〇やったから三〇返って来ないっておかしいだろって勝手に思ってる。

西井：あ、等価交換だと思ってるんや。

ジュンイチロウさん：でも向こうはこっちが三〇したと思ったのを三ぐらいにしか受け取ってないこともある。で、三しか返ってこなかったのに対して「は?」ってなる。自分の尺度で勝手に見立てて「こんだけやってやっただろう」って。

ハーシーさん：確かに向こうからしたら大して嬉しいことじゃないかもしれない……。

この等価交換の法則は、前述した先回り奉仕に対応している。相手の意思を確認せずに自分の主観だけで相手に尽くす上に、さらに同じだけ好意が返ってくると考える。そして期待している通りのものが返ってこないことに「被害感」や「怒り」さえ抱くこともある。この思考は非常に身勝手なものではあるが、一方で「努力は報われる」という社会的通説に従った結果でもある。しかしそのルールは人間関係には適用されないのだ……。

女神にフラれたり距離を取られた後に、「どうして付き合ってくれないんだ」「せめて友人として仲良くしてほしい」というすがりの長文メールや、大量のＬＩＮＥメッセージを送ったという経験もよく語られる。

もる太さん：（相手の女性にＬＩＮＥを）一行ずつ送ったということなんですけど、そういうふうにしたのはどういう心情だったんですか。

ハーシーさん：多分なんですけど、（まとめて）一文で送ると相手への通知が一回しか行かないじゃないですか。既読をね、もらえなかったんですよ、ちょくちょくね。一日か二日とかじゃなくて一週間ぐらいのレベルで。
もる太さん：わかります。
ハーシーさん：一回だけの送信だったら届いてるけれども相手が読んでない可能性があるので、でもこれ（文章を一行ずつ送ること）だったら送信通知が十何個になるし。
あだちさん：赤い丸でね。
ハーシーさん：あと通知も多分相手は切ってるんですけど、行くじゃないですか、（スマートフォンが）震えたりとかそういうのも含めて。
西井：絨毯《じゅうたん》爆撃みたいな感じですね。

LINEでメッセージを送ると、届いたメッセージの数が相手のスマートフォンの画面に「赤い丸」で表示され、メッセージの数だけスマートフォンは振動する。それが増えれば増えるほど相手に反応してもらえる可能性が高くなるという理由から、ハーシーさんはLINEで相手に自分の好意を伝えるために、本文を「一行ずつ」分けて十何通も連続で送ったという。

加害を正当化する「個人の理論」

さて、以上のことから「非モテ」男性の加害のメカニズムをさらに詳細に見ていこう。先に見た「等価交換の法則」のように、同意のない身体接触同様、ストーキング行動においても「非モテ」男性は自身の加害行為を正当化するレトリックを使っている。

男性の暴力について調査を重ねてきた研究者に、臨床社会学者の中村正がいる。中村はDV加害男性や虐待父親に対する臨床実践を行う中で、彼らの暴力の語りの中に現れる「俺は正義である」「アルコールが入っていて、頭が真っ白になったから」「相手が俺を殴らせる」といった「言い訳」に着目した。そして、これらの言葉や語彙が、加害者の暴力を中和化・正当化・他罰化する、つまり当然のことと見なしたり、相手のせいにしたりすることで加害のハードルを下げる機能を備えていると分析した。

加害者たちがパートナーや子どもとの間で起きた問題に対処しようとする際、こうした「内なる声」は事前に準備され、暴力という「行動を導いている」のである。中村は、男性たちの中に構成されるこうした独自の理論を「個人の理論」と名付けた[*3]。「非モテ」男性が加害に至る際に思い浮かべていた「相手が受け入れてくれると思った」「あの人も同じことをして許されていた」「これだけ尽くしたのだから見返りがあるはずなのにないのはおかしい」といった内なる声も、自身の欲望の発露としての加害行為を正当化・中和化・他罰化する機能を果たす「個人の理論」と言えるだろう。

ところで、その理論は決して特殊、異常なものとは言えない。中村によるとDVや虐待を犯す加害男性たちの言い訳には、元々社会の中で暗黙のうちに了解されている語彙が用いられているという。例えば、「親密な間柄ではついつい厳しい言い方になる」という説明は現代社会において、特に男性集団の中では当たり前のように使用されるが、これは言葉による暴力を正当化・中和化する作用を備えている。「お前のことを思っている」、だから「暴力を振るってもかまわない」という思考を容認してしまうのである。

同様のことが性暴力の問題にも言える。いまだに「性欲を持て余した男性が痴漢をする」という言説は普遍的に用いられ、それは加害者の「性欲を抑えられない」ゆえに「加害を犯した」という正当化を許してしまう。つまり、男性の暴力は個人の問題であると同時に、正当化する言葉が当然のこととして共有される社会の問題でもあると言える、と中村は言う。

「受け入れてくれると思った」と女性のケア労働

では「非モテ」男性の場合はどうだろうか。「非モテ」男性が用いる「個人の理論」のうち、特に「相手が受け入れてくれると思った」という言説は正当化の根源になっている。受け入れてくれるはずだと思い込んでいるが実際には受け入れてくれないから、「非モテ」男性は「おかしいじゃないか」という被害者意識を抱き、相手のせい＝他罰化するのだった。またこの「受け入れてくれると思った」という理論は、中村が指摘するように、社会と共軛《きょうやく》関係にある。結論から言えば「女性はケア能力が高い」という社会的言説と結びついている。

近代社会において、男性が賃労働を担うのに対し、女性が家庭内で家事・育児、そして夫や子どもに対する精神的なケアを担う性別分業が進められてきた。こうした分業体制は、いつまでも従属的な立場に置かれるなど、女性に多くの不利益をもたらすという理由からフェミニズムによって批判されてきたが、いまだに再生産され続けている現状がある。

このような社会的背景のもとで暗黙のうちに了解されているのが、「女性は女性であるがゆえにケア能力に優れている」という言説である。それは例えば「女性には思いやりがある」「男性に比べて共感力が高い」「女性ならではの気遣い」といった形で表出し、共有されている。

女性のケア労働について研究する社会学者の山根純佳《すみか》は、「女性は他者との結びつきを重視し『共感すべき』というジェンダー規範」が社会に存在することを指摘し、介護や看護の現場において、利用者たちが女性ケアワーカーに対して「『女だから』『笑顔で対応してくれるはず』『自分の言うことを聞いてくれるはず』といったジェンダーにもとづいた期待」を向けることがあると指摘している。*4

女性のケアをめぐるこうした言説があるからこそ、自分の好意・行為が多少強引でも「受け取ってくれるだろう」という正当化が少なからず成り立ち、「非モテ」男性の加害行為のハードルを下げる機能を持つと予測される。であれば、「非モテ」男性個人の思考だけではなく、社会全体を覆う性別分業の存在を批判的に取り上げる必要があるだろう。

ところで、ここまで、からかい被害や孤立を背景とした「一発逆転の強迫」や社会の中に漂う「男らしさのインストール」などを挙げ、「非モテ」男性が加害に至ってしまうという説明をしてきた。しかし「非モテ」男性は環境や社会構造の拘束を受ける、完全に受け身な存在というわけではない。この「個人の理論」に関して言えば、「非モテ」男性はその理論が整合性の取れたものなのか、能動的に解釈することもできる。どれだけ「せざるを得ない」状況にあろうと加害に至らない道は残されており、間違っても犯した加害行為について免責されるということはない。この点に関しては第六章で改めて検討したい。

加害トラウマ

ここまで中村の理論を参照しながら、「非モテ」男性が自身の欲望を正当化して加害行為に至る流れを見てきた。しかし矛盾するようだが、「非モテ」男性は自身の行為を正当化しながらも、同時に罪悪感を抱いている場合がある（傍線は筆者）。

ハーシーさん：一個だけいいですか。このストーカーをしてたっていうのは、本能的にしてたのか、何かを参考に……？
烏さん：いや何も参考にしてないです。ストーカーをせざるを得なかったっていうか。
ハーシーさん：じゃあなんで告白っていう形じゃなくてストーカーっていう形を取ったのか……。
烏さん：いや告白もしますけど、フラれてもそれで諦められるほど易《やす》いもんじゃないので。
ハーシーさん：一緒ですね。告白からのストーカーか。罪悪感みたいなのは？
烏さん：罪悪感すごいありましたね。今もそれですごい苦しめられてます。

告白して断られたにもかかわらず、「話が違うじゃないか」と執拗《しつよう》に相手に連絡を取り続けていた烏さんは、罪悪感を抱きながらも「ストーカーをせざるを得なかった」という。自己の中で強固に構築された一発逆転までの物語は、「非モテ」男性本人でさえもコントロールすることができず、欲望とためらいを同居させながら女神に執着し続けるのである。

この時烏さんは「自分の好意を受け入れてくれるはずなのにそうならないのはおかしい」という「個人の理論」を組み上げてはいたものの、行為を正当化しきれておらず、その後も罪悪感を滞らせていた。

烏さん：（フラれたあとに）できるだけ関係性を続けようと相手が努力し続けてくれてるんだけど、ここからあの（攻撃的な）文章を（メールで）送ったら（関係性を続けるのは）ちょっと無理だよなっていうのがあって、それが非常に悔やまれるというか、（メールのフォルダ内に）そういう記録があるということはわかりつつも、それはもう一切見ることはできずに、フラッシュバック的にぱっと思い出されてそのダメージがすごいというのがあります。

いつもラフな様子で非モテ研に参加する烏さんだが、この時彼の見せたたどたどしさが忘れられない。

「加害トラウマ」という概念がある。トラウマ研究をする臨床心理士の村本邦子は、被害者と加害者を同等に扱わないこと、特定の暴力において加害者に絶対的責任があることに留意しながら、「統合されないまま潜在意識にあり続け、否定的インパクトを与え続ける棘のようなもの」という意味では、暴力加害をなす側もトラウマを抱える可能性があるという。[*5] 例えば戦時中に敵兵を殺した兵士がＰＴＳＤ（心的外傷後ストレス障害）を発症することがこれまでの研究で示されている。

烏さんの言う「フラッシュバック」という体験は、トラウマを思い起こさせる。彼は相手の女性に粘着的にメールを送り続けざるを得ない状態にあり、またそれを正当化しながらも同時に罪悪感を抱えるという複雑な状況にあった。

被害経験だけでなく加害経験も、なぜそのような現象が自身の身に起こったのか明確な意味を与えられなかった場合、混沌《こんとん》とした感情として残り続ける。そして加害トラウマを生じさせ、「非モテ」男性に「ダメージ」を与え続けることになる。記憶を開封することには大きな痛みを伴うため、自身の犯した加害経験は未整理のまま残っていく。

さらなる自己否定へ

いけないことだとわかっている。にもかかわらず、「非モテ」男性は一発逆転に向かって女神に執着する道を突き進む。

被害を受けた女性からすれば、頼んでいないのに過剰な献身を受ける、身体に対して評価のまなざしを向けられるなど、現実の関係性を越えて拙速で侵入的なアプローチをされ、当然疲労や戸惑いを覚えるだろう。そして時に同意なく身体に触れられる、つけ回される、繰り返しメールを送られるなどの行為を受ければ、恐怖や苦痛、心に大きな傷を抱えることもある。

当然「非モテ」男性の思いが受け取られることはほぼなく、拒否されたり距離を置かれたりすることになる。その結果、身勝手にも「非モテ」男性は一縷《いちる》の望みを託した女神にさえも見放されたという圧倒的な絶望感を抱くようになる。自分はもう何をしてもどうしようもないという意識に苦しめられるか、もしくは自分を受け入れなかった女神に対して理不尽な恨みの感情を募らせる場合さえある。

また自ら加害行為を犯したにもかかわらず、その行為に対するトラウマ的な罪の意識にさらされてもいる。この加害トラウマによって、「非モテ」男性は心理的なダメージを受け、自分の問題に向き合うことができなくなる。被害者に説明責任を果たすことも、再発防止に向けた具体的な行動をとることもできないまま、ひたすら自閉的に苦しむ状態に陥っていく。自身をどうしようもない「悪」と見なして人と距離を取る場合もある。

喪失の絶望感と加害トラウマによって、「非モテ」男性はこれまで以上に孤立と自己否定を深めていく。孤立↓執着↓絶望↓孤立↓……という自己否定の悪循環。悪循環の結果、最悪の場合、もうどうなったっていい、一度やってしまっているのだからまた誰かを傷つけたってかまいやしない、という自己破滅的な加害衝動へと発展していくリスクもある。

この悪循環から抜け出すことはできないのだろうか。次章では、今まで見てきたのとは異なる新しい世界に足を踏み入れた「非モテ」男性の実践を見ていこうと思う。

第五章　非モテから離れる実践

追い詰められた結果として、急《せ》き立てられるようにモテを目指してしまう「非モテ」男性たち。優しく関わってくれた女性を神格化し、〝女神〟として過剰に執着していく様を前章では取り扱った。そのアプローチは拙速で時に加害的になってしまい、相手に拒まれてしまうか距離を置かれることになる。この女神に託した（託されても困る）最後の期待を断ち切られた痛みは、絶望的なものとして「非モテ」男性の前に現れる。

望みをかけた女性からも見放され、自分は誰にも愛されない。やはり自分を受け入れてくれる世界は存在しない。それくらい自分はどうしようもなく駄目な人間なのだ……。

こうして「非モテ」男性は第三章で書いた「自分は一人前の人間ではないのではないか」という〝未達の感覚〟と疎外感をさらに強めることになる。完全な悪循環に陥っていくのである。そこから抜け出す術はあるのだろうか。

解決しようとしないことで見えてくるもの

第四章で〝一発逆転〟という概念について言及した。この思考にたどり着いた「非モテ」男性は、恋人がいないことが問題であるという認識に立っており、そこでは当然恋人をつくることが問題を解決する唯一の手段であると見なされる。ところが解決を目指して努力したものの解決されなかった場合は焦りが募り、問題意識はさらに深まっていく。そして恋人のできない自分に対する否定感がより強くなる。

ここには、解決しようとすればするほど「問題」が「問題」として強化されていく構造がある。言い換えれば、「非モテ」男性は問題を解決しようとすることで、逆説的に問題を維持してしまっている。

こうした隘路《あいろ》にはまらないために、非モテ研では「なぜモテないのか」をテーマにはしない。問題をあえて解決しようとはしないのだ。問題を外在化させながら、問題をもたらしているのは何かをみんなで眺めてきた。

その結果、「非モテ」男性は失恋など性愛の挫折経験に加え、孤立したり何らかの被害を受けたりしていることが明らかになった。第三章で見てきたからかい被害や〝緩い排除〟の問題も、こうしてひもとかれたものである。

また一方で非モテ研では、苦悩が和らぐ出来事や、「非モテ」の悪循環から抜け出した経験も語られるようになった。もちろん、たまたま恋人ができて和らいだということもある。しかし全く別の経験が語られることもある。

心理臨床家のホワイトは、「生きられた経験のうち、以前は無視された生き生きとした側面」を「ユニークな結果（unique outcomes）」と名付け、この経験に気づくことが、「問題のしみ込んだ」ストーリーから距離を置き、オルタナティブ・ストーリーを新たに展開する可能性を開くと説明する。*1「恋人がいない自分は駄目でどうしようもない」というストーリーに縛られるのではなく、生き生きとした瞬間を掘り起こす。

ここから非モテ研で話された「ユニークな結果」を紹介していこう。

打ち込む喜び

ケイイチロウさん：入ったサークルが楽しくて、女性のことはあんまり考えてないんですよ。楽しかったから。サークル活動に打ち込むっていう感じで。

烏さん：受験に集中してる時期があって、その時は、非モテ感はぐっと下がります。

西井：早くセックスがしたいしたいとずっと思い悩んでいるその頃に、東日本大震災があったんです。流れでボランティアに参加することになって、大学からバスで被災地へ学生を派遣するということになって。すごいことが起きてる、何かせなあかんなと思ってボランティアにのめり込むんです。結構（現地に）入ったりとか大学の中で活動したりとかしてて、で（「非モテ」の苦しさが）がっと下がって。具体的には瓦礫《がれき》撤去とか家屋清掃とかそういうこともやってたし、あとは仮設住宅とかに行って、おじいちゃんおばあちゃんたちとお茶飲んでちょっとおしゃべりするとか、みたいなことをやってたんですね。

サークル活動、受験勉強、ボランティア。時に新たに打ち込むものを見つけることで、「非モテ」男性の苦悩が和らぐことがある。一方、「モテ以外の享楽」をテーマにした回でタカハシさんが話しているように、退屈な時間に苦悩は忍び寄ってくる。

タカハシさん：とりあえずモテ以外の享楽を思いつく限りだけ書いていったんですけど、まず誰かと遊んでる時とか音楽聞いてる時。あと読書してる時とか、カラオケ行っている時とか、（中略）ランニングをしている時ですね。逆に何もしてない時、一人で下宿の部屋にいると、なんか「ああ……」ってなります。特にスマホで時間無駄にしちゃったなーって時はちょっとダメージ来ます。暇な時、とりあえずこれをするっていうのがない状態。そうなるとだらだらスマホいじったりとか、ＳＮＳを見てしまうっていうことになるわけで、下宿の布団の上で動けずに、っていう感じですね。

打ち込む喜びを見出したからといって簡単に「非モテ」の苦悩から脱出できるわけではない。しかし「非モテ」男性は四六時中「非モテ」に縛り付けられているわけでもない。後から振り返った時、私たちには苦悩から距離を取っていた瞬間が確かにある。さらに他者の価値観に触れることで精神的に楽になったという話も語られる。

相対化される男性の原理

烏さん：大学生活自体がうまくいってなくて、本当何も面白いことないなーって思ってたんですけど、ただ大学二回生の時に（中略）インターネットに面白いもんっていっぱいあるんやって知るんですよ。そこから最新の思想みたいなのがどんどん手に入ってきた。世間の最先端っぽい人たちが、どういうことを考えてるのかっていうのがそこでわかって、世界が広がったんですよね。それまでは身の回りの狭いことしかなかったのが、広い世界があるなってことに気づいて、それで割と変わるんですけど。

「非モテ」男性が生きてきた世界は非常に狭いと言わざるを得ない。そこは権威を持つ男性が他の男性をからかい、誰しもがいつ排除されるか不安を抱え、また排除されないよう

「達成」を目指し続ける世界である。所属する男性たちはお互いにまなざしを向け合いながら、「標準的な男性像」から逸脱した部分を粗さがしするようコミュニティの力学によって強いられている。それでも男性たちはその世界に所属し続ける。なぜなら、からかい合いの波の中にしか男性同士をつなぐ親密性は生じないと思っているからである。男性たちには「その世界しかない」のである。

しかし烏さんはインターネットを通して、他者の価値観に触れることで「世界が広がる」体験をする。こうした本やインターネット、そして実際の出会いを通して他者の考えに触れる体験は、「非モテ」男性を縛り続ける価値観を相対化する。努力し成功の道を歩み続けなければならないと考えていたハーシーさんは次のように話した。

西井：成功の道というのはずっとハーシーさんの非モテ研におけるテーマですよね。いまだにこれに縛られてるって感じします？

ハーシーさん：そうっすねえ。どうなんだろう。若干脱出できた気はしますけどね。

あだちさん：別に成功せんでもええわって？

ハーシーさん：いろんな本とか読んで、いろんな人がいるんだなって思ったんで。別に成功の道を進むこと自体に問題はない。しかしそれが「進まなければならない」という考えにまでなってしまうと、それは個人に負担をもたらしかねない。

新しい世界への移行

これまで生きてきた世界を相対化することだけでなく、新しい世界につながり、新しい世界で過ごすことで楽になったという語りも多い。

烏さん：社会的な活動っていうか、サークルとか勉強会みたいなこととか、積極的にこの時期にやり始めて、友だちとか知り合いとかもかなり増えていくって感じですね。非モテ意識が高かった頃は、友だちがほとんどいなかった。いろんな場所に顔を出すようになって、友だち、知り合いが増えたりする中で、非モテ意識もどんどん下がっていって今に至る、そういう感じです。

烏さんは、社会的な活動を始めることで友だち、知り合いが増え、それに伴って「非モテ」の苦悩が下がっていったという。同様に趣味サークル、ボランティア団体、自助グループ、ゲイバーなど、新しいコミュニティに参加することで、生きやすくなったという経験談は多い。

ただ、そのコミュニティやコミュニティの構成員がどのような存在なのかを詳細にする必要がある。なぜならただコミュニティに属せば生きやすくなるというのであれば、前述したようなある程度友だちがいても深い苦悩が生じるという事態の説明がつかないからだ。「非モテ」男性の苦悩を和らげるコミュニティとはどのような性質を持つのか。それを探るために、烏さんが新しい友だちと知り合った経緯を見ていこう。

烏さん：この時期、僕どん底になってて就活に行けなくて、これはもう正直に生きるしかないっていうふうになったので、「もうどうしようもないんすよ」みたいなことを（Facebookで）延々と書いてたんですよ。それをしてたら、それはそれで皆面白がってくれるんですよ。あ、じゃあこれもええなって。こうやって正直に書いててもコミュニケーション取れるんやなって。だからこの頃から正直にいろいろと発言をするようになっていって、そうするとそれと同時に結構友だちや尊敬するような人も出てきた感じですね。

集団から孤立し、どん底状態にあった烏さんは、Facebookに自分が素直に思うことを綴《つづ》って投稿したところ、面白がる人が出てきて友だちや尊敬する人に出会えたと話す。「からかう―からかわれる」構造の会話や女性蔑視的要素を持つメンズトークでなくても、自身の内面的な部分や実際の出来事を発信することでも興味を持ってくれる人がいるという体験。それは烏さんが当たり前と思ってきたコミュニケーションのあり方を相対化していくものだった。

自分の語りが共感をもって聞き入れられる。ここに重要なポイントがあるのかもしれない。友だちはいたけれど、むしろその頃苦しみが募っていたというあだちさんは、その経験について次のように語る。

西井：さっきあだちさんが「友人はいたけどわかってもらえてる感じはしなかった」って話されてたんですけど、そのわかってくれないってどういう感覚なんですか？

あだちさん：違う体験をしててその悩みをわかってくれないっていう感じかな。（中略）共有体験が違うというか、なんやろう。今の友だちは共有体験があるなって感じがします。似たようなものでつまずいたり、劣等感を感じたりしてきた人ややなっていう感じが。同じところで立ち止まってきた人なんやなって気がするんです。

共有体験があるからこそ、その友人たちとは「わかり合える」感じがする。一方あだちさんは「わかり合えない」という思いを募らせた環境について示唆的な分析を与える。

あだちさん：やっぱり小・中・高っていうのは、学校で同じ人と同じ環境でずっとお互いのことを絶えず見える状態でいますし、友だちっていうのも、すごい可視化されてるじゃないですか。あいつとこいつは仲良いけど、こいつとあいつはあまり仲良くないみたいな。それで当然比較もしてしまうし、その外部があんまり見えないから、小・中・高はずっと狭いところにいた。でも大学以降はそういう狭い環境の外の環境にアクセスするようになったっていう感じかな。

お互いを比較し合うような閉鎖的な友人関係を増やしても苦しさは和らがず、むしろ増長させる可能性がある。なぜなら、それは「非モテ」男性が蔑まれたりからかわれたりして劣等感を抱くことになった競争的な関係性そのものだからである。

閉塞的な環境の中でたえずお互いを見つめ比較し合う関係と、「外の環境にアクセス」したことで出会った共有体験を持ち、わかり合える関係。烏さんもあだちさんも、新しくコミットしたコミュニティにおいて、自身の体験を開示し、開示した体験をもとにつながり合っている。

また、体験そのものを他者と積み上げることで、良好な関係を構築したという事例もある。

まこさん：モテ以外で自分が楽しいことをやって、そして人から見られること、人から認められること。絵描きもそうなんですけど、結局絵も漫画も一人でやってても全然楽しくないいんですよ。ただコミュニティとかTwitterとか最近いろいろあるじゃないですか。あれでだんだん縁が出てきて、仲間も増えるし、自分もやってて楽しいと。そういう時モテっていうのを感じなくて、純粋に楽しいって思えることができたなっていうのは思います。

まこさんは、SNSで絵を描くコミュニティに参加することになり、そこでは「モテ」のことを意識することなく純粋に楽しいという思いができたと話す。そう話すまこさんに私は尋ねてみた。

西井：でも人と比べるっていうのが、ここでも起きてこないんですか？　絵描いてると、他の人と比べてしまってあいつのほうがうまいなとか、それでしんどくなったりしないんですか？

まこさん：いや、それやっぱり人によるんですよね。周りの、周りの男性。まあその絵とか漫画にしても結局のところ、何だろう、「お前これ駄目だろ」って言ってくるやつがいない限りは、そこまで「あ、俺下手だ、もう嫌だ」って思ったことないんですよ。なんか前に入ってたコミュニティが、「お前これ駄目だよな」とか「背景が薄いですね」とか結構耳が痛いことばっかり言ってきて、それが「俺駄目なんだ」っていうふうに思わされるのはすごいあって、だから否定されないコミュニティの中で、自分を成長させていくっていうのはすごい大事なんだと思うんですよ。

タカハシさん：わかります。マウントの取り合いみたいな感じになるとしんどいですね。

まこさん：そうなんですよね。別にプロになるんだったら比較は大事なんだと思うんですけど、プロじゃなくてそもそも自分を成長させたいっていう意味だったら、何もそういうところに行く必要はないんですよね。うーん。「お前うまいじゃん」「お前もうまいじゃん」っていう環境のほうが、緩いけどすごい自己肯定感は高まるなっていうのがありますね。

まこさんが新しく参加した絵を描くコミュニティは「絵のうまさ」を基準とした競争が発生しない。ただただお互いの描いた絵を肯定するという特徴を持つ。そのコミュニティで彼は自己肯定感が上がるような体験をしたという。

同じ方向にまなざしを向け共有体験を重ねる

まとめよう。「非モテ」男性はこれまで所属した男性集団の中で微細な傷つきを蓄積しながら疎外感を抱いてきた。そこは構成員同士でお互いにまなざしを向け合う閉鎖的な空間であった。しかし、ボランティアを始めたり、学校の外に目を向けたりすることで偶然たどり着いた新しいコミュニティで、これまでとは違う他者との関わり方に遭遇する。語りや活動が否定されずに受け入れられ、その語りや活動そのものによってつながること。この関係性がもとになったコミュニティの中で、「非モテ」男性の苦悩は徐々に和らいでいく。

コミュニティに参加している構成員のまなざしの方向性に着目し、前者を〈まなざしを

図1　まなざしの方向性

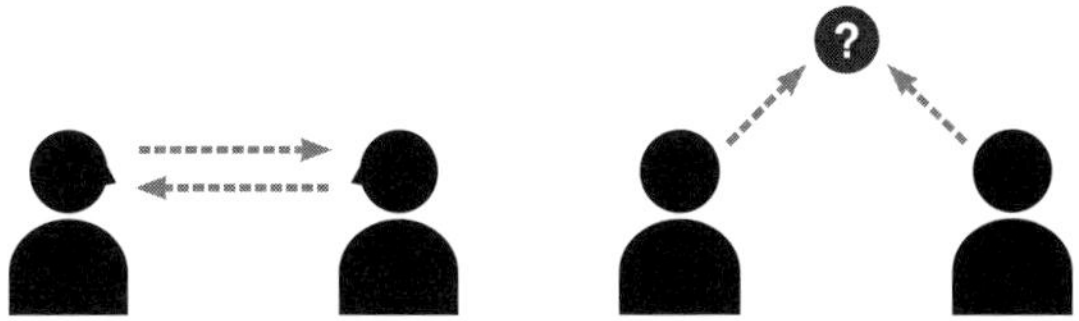

向け合うコミュニティ〉、後者を〈同じもの（語りや活動）にまなざしを向けるコミュニティ〉と便宜的に分類する。〈まなざしを向け合うコミュニティ〉ではお互いの特徴の差異を意識して、非難しあったり競争したりする関係性か、もしくは均質化された関係性になる。一方〈同じものにまなざしを向けるコミュニティ〉ではお互いを比較するということは少なく、むしろ違いは許容され、共有された体験によってつながり合う。

非モテ男性が「仲間入り」しようとした集団は人間に序列をつくる競争関係にあり、そこに身を置き続ける限り、男性たちは常にお互いを見比べて劣等感と疎外感にさらされるか、もしくは他者を貶める危険性を孕む。しかしここで語られた同じ方向を向きながら共有体験を重ねる仲間関係は、彼らの苦しさを解放し、新たな対人関係のあり方を開く。

以上、非モテ研で語られた「ユニークな結果」をもとに、「非モテ」の苦悩から離れる実践について紹介した。ただ、打ち込むことを見つけたり新しいコミュニティに入ったからといって、自分は一人前ではないのではないかという苦悩や、女性に全面的に肯定されたいという欲望がすっかりなくなるというわけではない。ふとした時にこうした苦悩や欲望は顔を出し、「非モテ」男性はそれらに縛られてしまう。

それでも、「非モテ」男性はただ悪循環にはまり込み続けるだけではなく、自ら抜け出る取り組みを戦略として備えていると言えるだろう。

ここまで非モテ研の語りを参照しながら「非モテ」男性の生活経験を追ってきた。次章では以上の内容に対して、社会学的な知見を交えて考察していきたい。

第六章　非モテの苦悩の正体を考える

さて、「非モテ」男性の研究の終わりが見えてきた。第一章にて「非モテ」に関する言説や先行研究を整理しつつ、本当に「非モテ」男性はモテないから苦しいのか？　という問いを設定した。第二章で研究のフィールドを提示し、第三章からは、「非モテ」に苦悩する男性の語りを参照しながら分析を進めてきた。本章では、これまでの研究をまとめ、その結論を提示したいと思う（図2・3参照）。

これまでのまとめ

第三章では、「非モテ」男性が男性集団内で追い詰められ、そして自分で自分を追い詰めていく過程を描いた。〈集団内の中心メンバー〉から、〈からかい〉や〈緩い排除〉を受けて周縁化される「非モテ」男性は、被害を受けているにもかかわらず、彼らとの親密な関係性を維持するために、自ら〈いじられ役〉を引き受けていく。また、〈男らしさの達成〉をしようとしても、中心メンバーは別の要素を見つけてからかい続けるために、「非

図2

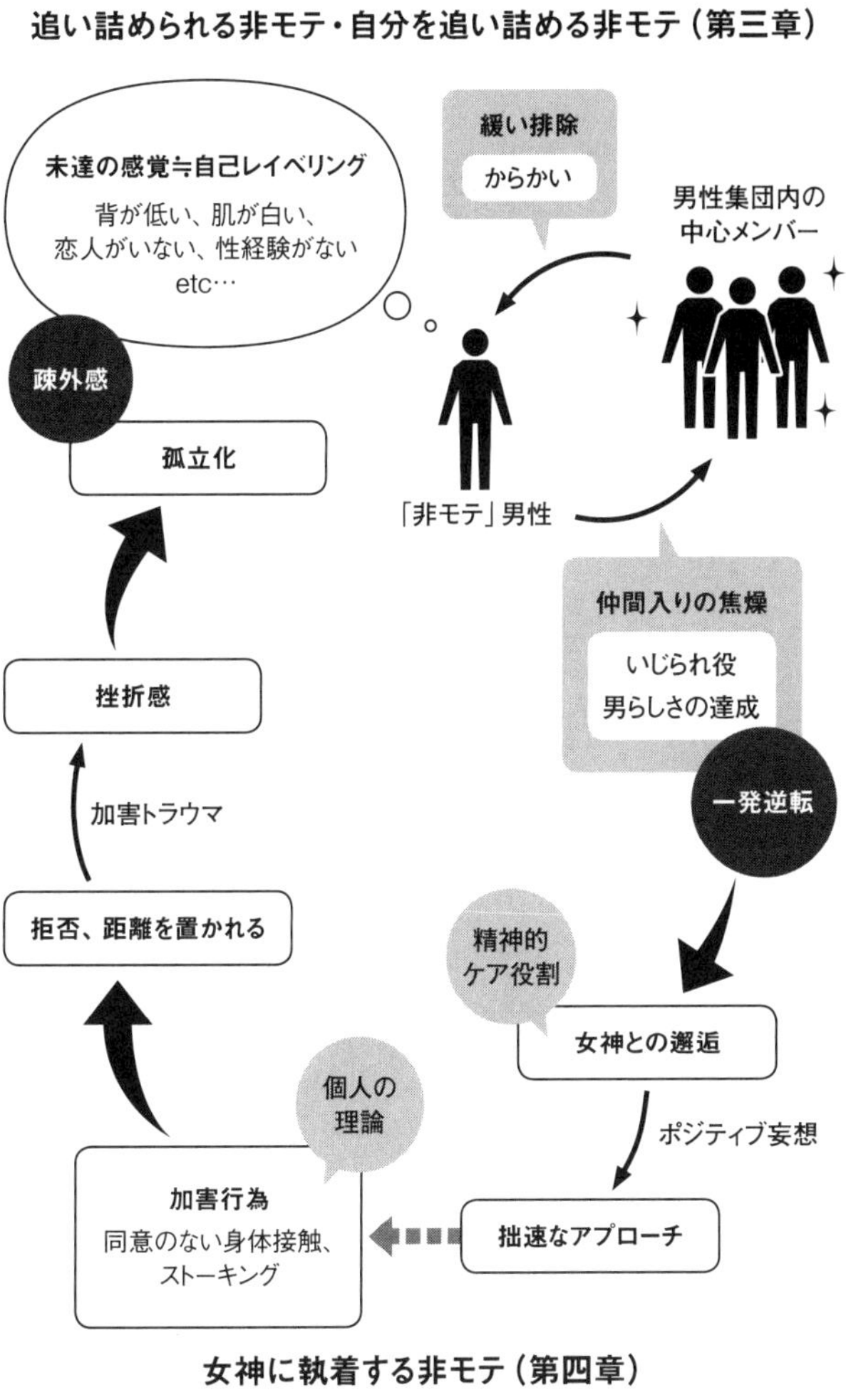

追い詰められる非モテ・自分を追い詰める非モテ（第三章）
緩い排除
からかい
男性集団内の
中心メンバー
未達の感覚≒自己レイベリング
背が低い、肌が白い、
恋人がいない、性経験がない
etc…
疎外感
孤立化
「非モテ」男性
仲間入りの焦燥
いじられ役
男らしさの達成
一発逆転
挫折感
加害トラウマ
拒否、距離を置かれる
精神的
ケア役割
女神との邂逅
ポジティブ妄想
個人の
理論
加害行為
同意のない身体接触、
ストーキング
拙速なアプローチ
女神に執着する非モテ（第四章）

モテ」男性はいつまでも「自分は一人前の人間ではないのではないか」という〈未達の感覚〉と〈疎外感〉を抱き続けることになる。この緩い排除と〈仲間入りの焦燥〉という絶え間ない往還の果てに、「非モテ」男性は自分自身を否定的な存在として見出す〈自己レイベリング〉に至る。

第四章では、自己否定を繰り返す「非モテ」男性が孤立化していくとともに、「恋人ができさえすれば自分の不遇な状況は挽回されるのではないか」と考える〈一発逆転〉思考を抱いた末に、女性に執着していく流れを分析した。自分に優しく接してくれる〈女神〉ならば、自分を理解して救い上げる、つまり〈精神的ケア役割〉を担ってくれるのではないか、という期待を抱いた「非モテ」男性は〈ポジティブ妄想〉を繰り返しながら、彼女に〈拙速なアプローチ〉を取っていく。そして時に同意のない身体接触やストーキングなどの〈加害行為〉を犯す。その行動は社会に通底する男性イメージからも影響を受けており、また〈個人の理論〉による正当化の手段も用いられている。一方、「非モテ」男性は自身の加害的な行為に罪悪感も抱いており、その経験は〈加害トラウマ〉として残り続ける。さらに、相手から〈拒否もしくは距離を取られた挫折感〉によって、「非モテ」男性

図3　非モテから離れる実践（第五章）

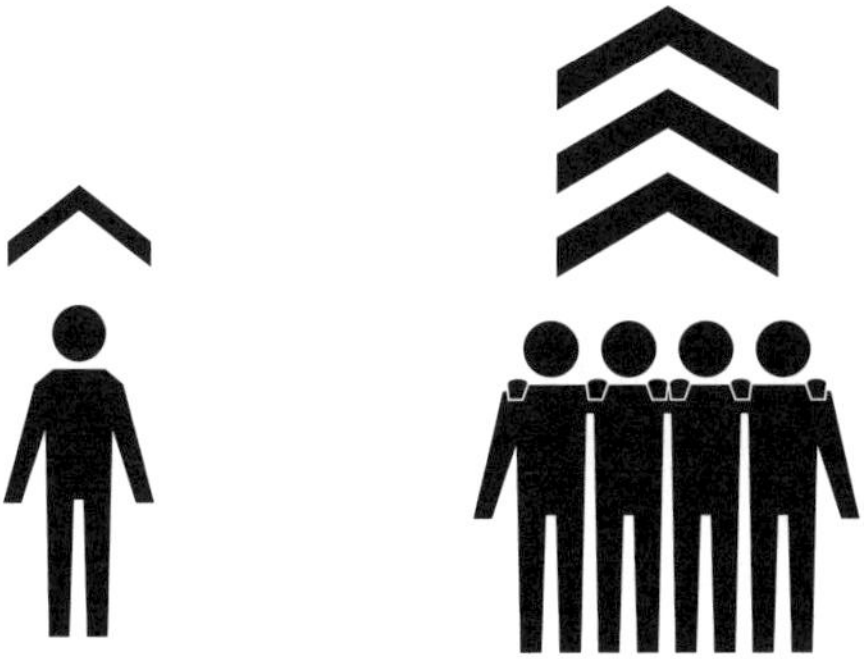

はさらに〈孤立化〉し、未達の感覚によるさらなる自己否定に陥っていくのである。

しかし、「非モテ」男性はただ執着と自己否定を繰り返すだけではなく、〈打ち込む喜び〉や〈仲間との共有体験〉を通して、苦悩から抜け出すオルタナティブな実践にも取り組んでいることを第五章では明らかにした。

以上の分析を通じて、男性たちに苦悩をもたらす「非モテ」とは、「からかいや緩い排除を通じて未達の感覚や疎外感を抱き、孤立化した男性が、メディアや世間の風潮などの影響を受けながら女性に執着するようになり、その行為の罪悪感と拒否された挫折からさらなる自己否定を深めていく一連のプロセス」として描き出すことが可能となった。「モテない」という一要素だけで「非モテ」男性の苦悩はもたらされているわけではない。

第一章において、「非モテ」という言説を「関係性の状態（state-in-relationship）としての非モテ」「ラベリング（labeling）としての非モテ」「自己意識（self-conscious）としての非モテ」として整理したが、「非モテ」は「状態」「属性」「意識」といった次元で言い表すことのできない、さまざまな出来事と社会的背景、個人の行動・感情が折り重なり合うところに立ち現れる現象（「現象〈phenomena〉としての非モテ」）としても位置づけられるだろう。

これまでの言説との比較

さて、第一章において先行する「非モテ」分析として提示した上野千鶴子や森岡正博による「非モテ」言説と、本研究を比較してみよう。

上野は「非モテ」を「ホモソーシャルな男性集団の規格からはずれることへの恐怖と苦痛」として位置づけた。「非モテ」男性が男性集団からの排除を恐れて、一発逆転的な発想にたどり着くことを踏まえると、上野の説明と本研究の結果は類似している。しかし、「恐怖と苦痛」を抱く背景には、男性集団内で執拗にからかいを受けていること、そのせいで「自己レイベリング」が起き、自分はこの世界でしかやっていけないという思考に囚われていることを上野は見逃している。こうした周囲との相互作用があるからこそ、「非モテ」男性たちは排除されることに過度に恐怖するのである。

また、森岡は「非モテ」を三つに分類し、中でも「非モテ3：自分はモテないんだ、という意識に悩まされ続けること。その意識が人格の重要な一部分になってしまうこと」を重視し、性愛から疎外されたことによる実存的な傷を問題視した。

この指摘は本研究における女性から拒否、距離を置かれたことによる挫折感と符合する。しかしこの森岡の説は、性愛への願望に至るまでの「非モテ」男性の傷つきや排除の問題が射程に入れられていない。自尊心を削られ、男性集団から緩く排除し続けられている状況にあるために、性愛に過剰な期待が寄せられ、それが断ち切られるからこそ、大きな傷を生むということを補足できる。

以上のことから、上野や森岡の主張は「非モテ」男性の抱く苦悩の一部分しか切り取っておらず、その背景にある、社会や他者との相互関係を含む複雑なメカニズムをとらえられていないと言えるだろう。

なぜ「モテない」が前景化するのか

性愛からの疎外が男性にとって大きな傷として立ち現れることに関して、さらに立ち止まって検討したい。「非モテ」の苦悩の背景にからかいや緩い排除による微細な傷つきがあるのであれば、なぜそうした問題ではなく、女性と親密な関係を結べないことばかりが男性の問題として前景化するのかという疑問点が残っている。

一つは、第三章の終盤で検討したように、からかいや緩い排除という現象が、その構造上「加害／被害」という明確な像を結ばないため、「非モテ」男性が自身の被害を認識できず、その結果、微細な傷つきが埋もれていくということが考えられる。その点、女性との親密な関係性を築けなかったという出来事はわかりやすい傷つきであり、また最後の望みが断ち切られた痛みであるからこそ、「非モテ」男性の記憶に強く刻み込まれ、その分表面化しやすいのかもしれない。

また、モテないことが一部の男性にとって大きな問題として浮上してくる理由として、社会学者の浅野智彦による、二〇〇八年に起きた秋葉原無差別殺傷事件についての論考[*1]も見逃せない。浅野は、犯人である加藤智大の生きづらさの背後には「親密性圧力」の問題があったのではないかとして、次の指摘をしている。

本稿の見立てでは、彼の生きづらさの源泉は尊重・敬意の交換の網の目から排除されていたことにある。確認してきたように、その排除ゆえに彼は孤独であり、その孤独を身体上に投影することによって容貌への強烈な劣等感を抱き、そしてそこからの脱出を目指してネット掲示板へと没入していくことにもなった。しかし彼自身にとっては問題はつねに彼女がいないことであり、「モテ」ないことであった。ここには公共性の問題から親密性のそれへのほとんど無意識の読み替えがある。

公共性の問題（社会的排除）から親密性の問題（非モテ）への読み替え。その要因として浅野は、特定の誰かと親密な関係性を築くことへの期待が社会の中で過剰に上昇していること、それゆえ個人の中に「自分自身の『かけがえのなさ』への固執が生じ、逆にありふれた凡庸な共通性が忌避される」ことに注目する。加藤が抱いた孤独という生きづらさを共有する人は少なくない。にもかかわらず、自身のかけがえなさに固執したために、加藤は「ありふれた悩みを土台として『連帯』なり公共性なりを模索する道をはじめから閉ざして」しまったと浅野は言う。

一方向的なからかいが当たり前のように行われる空間を生きてきた「非モテ」男性は、なかなか尊重・敬意を得ることができず、そしてからかいを受け続けた結果として、最終的に集団から距離を置き、孤立していく。こうした問題は同じような境遇にいる男性と共有することができるはずだが、「親密性への過度な期待」がそれを阻む。親密性を獲得するための「かけがえのなさ」を先鋭化させ、「誰も理解できない」「けれど彼女（もしくは理想化された女性）なら理解してくれる」という思考に閉じこもるのである。こうして「非モテ」男性はさらに孤立する。そしてまた親密性への焦りが募り……という悪循環が生じていく。

以上のことから、親密性の価値が過度に高まっているがゆえに、社会的孤立ではなく親密性獲得の失敗、つまりモテない悩みが、男性の問題として前景化していると推察される。

また浅野はこうした課題に対し、愛情よりも尊重・敬意、かけがえのない固有性よりも凡庸な共通性を再評価し、「親密性の圧力に抗して公共性への回路を確保することが重要だ」と主張する。互いの経験を語り合うことで共通点を見出し、つながり合う非モテ研の取り組みは、浅野が企図した回路に近いものになっている。この点に関しては次章で検討したい。

「非モテ」とジェンダー

これまで断片的に男性規範や性別分業について触れてきたが、「非モテ」男性の営みが既存のジェンダーに対してどのような影響を与えているのかについて検討する。ここではジェンダーを、「男らしさ」「女らしさ」といった性別や性差を構築し、二者に権力や権利を不平等に配分する知識・言説と定義しておく。

第三章において、「非モテ」男性に対するからかいが「標準的な男性像」から逸脱していることを理由になされており、その上「標準的な男性像」は集団内で権力を持つ男性がカスタマイズして繰り出している可能性について言及した。いわば称揚される「男らしさ」とは不定形で実体のないフィクションなのだが、にもかかわらず、「男らしさ」言説は圧倒的な力をもって「非モテ」男性を縛り付ける。「非モテ」男性は、自分は人間として十分な条件を満たしていない劣った存在なのだという意識を抱いて苦悩し、また「男らしさ」を達成するために強迫的に努力する。まるであるはずのないドーナツの中心を目指して走り続けるような状況にある。

こうして、相対的に権力の強い男性が周囲の男性を攻撃するために繰り出した「男らしさ」言説は、攻撃された側、つまり「非モテ」に苦悩するような周縁化された男性たちの手によって補強される。「男らしさを満たした男性こそが正当であり権力を持つ」という社会通念は再生産され、また、「男らしさ」をめぐる男性たちの競争と、「男らしさ」にたどり着けない周縁化された男性の苦悩が繰り返されていくのである。

また第四章では、仕事を肩代わりする、悩みに応えようとする、奢るといった「男性的な」ふるまいを形式的になぞることで、「非モテ」男性たちが拙速なアプローチを取ってしまうこと、そしてその「男性的な」ふるまいをうまくできない自分を苛む様相を描いた。

この過程も、既存の男性ジェンダーを維持している。社会学者である江原由美子の「構造再生産」理論を参照しながら考えてみよう。

江原は、男性ならば電車の席に足を開いて座っても注意を引かないが、女性の場合は特殊なことだと見なされることを例に挙げながら、「『男らしさ』『女らしさ』などの性別特性は、（中略）『ルーティン化された実践』や『慣習行動』において『当たり前』のこととして身についている」と説明する。多くの人々は、男／女はどのようなふるまい方や話し方が「適切」なのか、自分や他者の動作に対する周囲の人々の評価によって学び、自分でも自身のふるまいが「適切」かどうかを判断するようになる。そして、自分がその性別特性に対して「『適切な動作』をしていないときには自分自身ではないかのように感じることにもなる」という。[*2] その結果、女性は男性に比べて電車で足を閉じて座らなければならないという意識を強く内面化し、行動は再生産されていく。

「非モテ」男性が無理に「男性的な」ふるまいを取る理由について、そもそも参照できる行動の選択肢が乏しいためにその選択肢を選ばざるを得ない可能性に加え、その行動をするべきだという価値観をインストールして思い込んでいるという可能性について言及した。

前述の江原の説明を踏まえれば、「非モテ」男性が「男性的な」ふるまいを率先してインストールする背景として、そもそも積極的なふるまいこそが、男性にとって「適正」であると評価する社会的まなざしが存在していることを念頭に置く必要がある。そのまなざしは男性たちの身体にまで入り込み、彼らは「男性的に」女性との関係を構築するようふるまい、できなければ自分は一人前ではないという不安感を募らせる。その一方で「男性的」でない関係構築（例えば女性にエスコートしてもらう、悩みを聞いてもらうなど）には違和感や抵抗感を抱くか、もしくはそもそも関係構築の手段として念頭にない。こうして、積極的にリードすることこそが「適正」であるという男性規範は維持されていく。

もちろん女性との関わりをめぐる現行の男性規範に支障がないのであれば、特段問題視する必要はない。しかし、非モテ研の参加者たちが話したように、その関わりによって相手に負担を与え、また「非モテ」男性自身も女性と友好的な関係性を築く機会を逸してしまうのであれば、別の方策を探るべきだろう。例えば森岡正博は『草食系男子の恋愛学』[*3]の中で、女性が求めるアプローチや男性の魅力は一元的ではないと指摘している。

最後に、一部の女性を神聖視することを意味する女神化についても言及したい。女神化とは、「理解してほしい」という受容願望の表れであり、女性に対して精神的なケアを期待する「非モテ」男性のまなざしであった。第四章で検討したように、ここにはケアをめぐるジェンダーの非対称が影響している。女性の側ばかりがケア役割を担うことが当然視されている社会構造が、女神化を発現させていると言ってもいいだろう。

また、「非モテ」男性が女神に無償の愛を与えてくれる「母」を投影している可能性も検討する必要がある。子どもの成長や夫の成功を自分の幸福とし、無償の愛を供給し続ける存在として女性を位置づける風潮・言説を指した「母性神話」という言葉がある。「非モテ」男性が女性に向けるまなざしには、この母性神話がじわりと影響を与えている。実際、女神に「成長させてくれることを期待している」というメンバーもいる。

もちろん女性からの受容やケアを夢想することそれ自体に問題があるわけではない。親密な関係になった相手からケアを与えてもらうのは当然の営みであり、それは否定されることではない。しかし、実際相手の女性と深く関わることになった場合に、その期待を一方的に押し付けることになれば、それは相手への抑圧として発動する可能性がある。また、女性ばかりがケアを負担し続け、十分な評価を得られていない現行の社会構造を踏まえれば、女性に対する期待がどのような影響を与えるかを省察する必要があるだろう。

「加害を語る言葉がない」

「非モテ」男性の加害行為に関しても考察を加えたい。第四章において、同意のない身体接触とストーキングについて分析を進めた。そしてそれらの行為の背景として、大きく二つの社会的要因が存在していることが明らかになった。

一つは疎外感や未達の感覚を源泉とした、集団への帰属と存在証明への切迫感である。ここには男性集団におけるからかいや緩い排除といった、「非モテ」男性が身を置く環境の問題が絡んでいる。

もう一つは、「女は押しの一手だ」のような加害的ふるまいを促す風潮や、「女性は受け入れてくれるはずだ」という加害を正当化する言説など、ジェンダーの問題である。

男性が女性に対して何らかの加害を犯した時、「加害者は意図的にその行為を選んでいる」という説明がなされることが少なくない。しかし、前述の二要因を踏まえると、「非モテ」男性の加害行為に関して、それを選ぼうとする意志以外の側面が見えてくる。

何とか集団の中に残り、ボロボロになった自己像を回復するために、女性との親密な関係性を求め、社会の中で称揚される強引な男性性を動員する。そこに「女性はケア能力が高い」という言説が拍車をかける。まるでそれが唯一の解決策であるかのように、「非モテ」男性はただただその道を突き進んでいく。[*4]

当然ながら、どれだけ厳しい環境に身を置き、傷つき、また強力な社会規範に縛られているからといって、加害行為に及んでいいということにはならないし、また免責されてもならない。同じ境遇にいても加害に至らない男性がいることを踏まえれば、いくら厳しい環境に身を置いているからといって未然に防げなかったというわけでもない。さらに、いくら明確な意志がなかったとしても、「直そうとすれば直せる」ことはでき、[*5]その点において、「加害をしても仕方がない」とは言えない。しかし、いくつかの要因とその相互作用によって、加害行為をする可能性が高くなる局面がある、とは言える。

こうした背景を踏まえず、その行為の理由を加害者の意志だけに還元してしまうと、加害に至るまでの過程や事情を見逃してしまい、ひいては加害防止から遠ざかってしまう可能性がある。[*6]加害者の頭の中の問題だけではなく、環境や社会構造を含む加害の背景にあるメカニズムにも焦点を当てる必要がある。そして、加害者自らそのメカニズムを省察し、変容させることで、加害の防止は為《な》しうると考える。

例えば、自身が身につけてしまった「女は押しの一手だ」という社会的価値観を自身から切り離して批判的にとらえ直し、女性との別の関係性の取り方を探ることもできるだろうし、また、「彼女は受け入れてくれるはずだ」などの自己都合的な妄想が始まっていることに自覚的になれば、行動に移さないということもできるはずだ。さらに遡ると、「非モテ」男性の加害の背景に排除や孤立の問題があるのならば、既存の男性集団を相対化するような文化をつくるという布石も打てる。もちろんそれは個人でできる範疇《はんちゅう》を超えるが、長期的な加害防止のために男性たちが社会的な動きに取り組むということは可能だ。

「加害を語る言葉がない」。これは非モテ研の仲間たちと話していた時にあるメンバーがつぶやいた言葉だが、加害という現象が加害者の視点から省察的に語られたことがなかった現状を端的に言い表していると思う。「加害者は意図的にその行為を選んでいる」という説明だけでは切り取ることのできない加害の様相が存在し、またそれを加害者自身が明らかにすることが脱加害の道筋を考える上で重要になる。

ただし、繰り返しになるが加害のメカニズムを探る営みは、「こういう事情があるならば仕方ない」といった具合に、一歩間違えれば加害者を免責する言い訳をつくり出してしまう危険性がある。加害の探求は、あくまで加害行為を繰り返さないこと、被害者に対する責任を果たすことを目的として行われなければならない。

性犯罪、ストーキングに対する臨床について

補足的な内容になるが、前述した加害行為に対する専門的な対応についても触れておきたい。現在、刑務所などを中心に性犯罪、性加害を繰り返さないための防止措置として、認知行動療法が中心的に用いられている。そこでは、加害者の認知が歪んでいるために起きてしまうという図式で加害は説明され、認知の修正を図ることが目指されている。

しかし、ここまで見てきたように、加害は個人の問題に収まらない。「認知の歪み」という言葉は、まるで加害者だけが異常な考え方を持っているようなイメージを与えるが、加害的なふるまいを促進・容認する現代社会のあり方を見れば、社会そのものが歪んでいると言っても過言ではない。本書で見たような「非モテ」男性の同意のない性的接触は、

正しい認知を学習できなかったから発生するのではなく、むしろ、男性中心社会でつくられてきた社会的なものを素直に学習した結果なのだと言えるかもしれない。

また、日本におけるストーカー臨床では、ストーカー加害者を類型化し、自己愛性パーソナリティ障害や恋愛妄想、発達障害傾向など病理的・心理的な要因と関連させて論じることが少なくない。*7

認知行動療法同様、こうした病理化も、個人の心理に問題を押し込んで、男性集団の競争性の問題や、女性のケア能力への期待や母性神話といった性別分業の問題に蓋をしていると言えるのではないだろうか。今後、より社会学的な視点を持った加害者臨床が望まれる。

非モテ問題の核心としての「周縁化作用」

最後に「非モテ」問題の核心として、男性集団内の権力性を背景とした周縁化に関する問題を提示する。

繰り返しになるが、「非モテ」男性の苦悩とは単純に「モテない」ということに集約されない。男性集団の中で否定的な言葉を繰り返し浴びせられた傷、排除されるのではないかという恐怖心、最終的に孤立した痛み、加害をしてしまった罪悪感。そしてこれらの負の感覚が明確な言葉を与えられずに、澱《おり》のように沈殿しているということ。「非モテ」という苦悩の中にはこうしたさまざまな問題が渦巻いている。

その中で最も重視したいのが、からかいや緩い排除という手段によって「非モテ」男性が追い込まれていく男性集団内の力学である。何度も言うように、この力学は男性間の権力関係によって成り立っている。また、からかいや緩い排除を受けた「非モテ」男性も、男性集団内の権力性と競争を背景に自身にレッテルを付与し、自己否定に至る。周囲と自己によって、「非モテ」男性は周縁へと追いやられていく／追いやっていくのである。この一連の過程を「男性集団内の周縁化作用」と名付けたい（以下、「周縁化作用」と略記する）。

周縁化作用は、相当数の男性たちが経験をしているという点で個別的問題とは言えず、また「男性は暴力的傾向にある」という心理的問題でもなく、男性間の権力勾配によって普遍的に生じる社会問題として位置づけられる。また女性も一部の男性をからかうことがあることから、周縁化作用は両性を取り込みながら発現し、集団内で権力を持つ男性の覇権を維持すると言える。

ただし、この周縁化作用という問題は、「男性差別」ではないということを念押ししておきたい。このことを説明するために、まず「差別」という概念について確認する。

現行の社会において、「障害者」「女性」「在日外国人」といったマイノリティ属性を持つ集団は、その属性ゆえに社会資源や雇用機会から疎外されたり、暴力を受けたりする傾向にあるが、一方で、「健常者」「男性」「日本人」といったマジョリティ集団は、その属性ゆえに制度的・文化的に優遇され、不自由の少ない社会生活を送ることができる。差別という問題には、こうした属性間の圧倒的な非対称が存在している。

ところが周縁化作用の場合、ある集団では権力を持っていた男性が、別の集団では周縁化されることもあり、またその逆も生じる。第三章で触れた、周縁化された男性が別のコミュニティではマウンティングする側に回ったというエピソードはその典型だろう。

つまり、周縁化作用という現象には抑圧する側／抑圧される側を隔てる境界線が明確に引かれておらず、一時的に権力の不均衡はあったとしても、その勾配の角度が流動的に変化する性質を持っている。

また、周縁化された男性は確かに暴力や集団からの疎外にさらされるが、背が低い、肌が白い、性経験がないといったような社会的属性に還元できない特徴や、それが属性によるものであったとしても、障害や貧困、セクシュアリティに関わる社会的属性が、その要因になっている。つまり「男性」だから抑圧されているとは言えず、この点においても、周縁化作用は男性差別とは言えない。

ところが、抑圧されていると感じている当事者からすればこの二つの現象は見分けがつきにくく、混同してしまう危険性がある。ここまで論じてきたように、からかいや緩い排除が言語化されてこなかったことに、混同の要因があるかもしれない。

例えば自分が虐げられていると感じる男性が、周縁化作用を男性差別の問題として読み違え、自分は「男性」ゆえに差別されているのだと規定した場合、自分とは違う属性を持つ集団を抑圧側として想定することになる。つまり「女性」が自分を抑圧するのだと考えて敵視する、という誤認が起きるのではないだろうか。

もちろん、その男性がジェンダーとはまた別の軸でマイノリティ性を持っていて、差別を受けている場合もある。障害者やセクシュアルマイノリティに対する直接的差別の一形態として男性集団内の周縁化作用は生じるが、その時に問題視すべきは健常者中心主義、異性愛主義などであって、「女性」という集団ではない。

問題の本質がここまで述べてきた男性集団における周縁化作用にあるのであれば、対処しなければならないのは、私たち男性が維持してしまっている男性内の権力関係と競争性にある。周縁化作用に抵抗を示すならば、その男性集団内の競争性の存在を可視化、相対化し、そして維持しないための集団のあり方を考える必要があるだろう。

第七章　つながり出した非モテ

ここまで「非モテ」男性の生活世界を振り返り、その問題に社会学的考察を加えて論じてきた。以上の問題に対して、では「非モテ」男性には何ができるのか。少し背伸びになってしまうが、明らかになった課題への対応の一つの形として、私が参加する「ぼくらの非モテ研究会」の実践に触れていきたい。

なぜ非モテ研で男性たちは語るのか

ここまで見てきたように、「男性は自分の弱さを語れない」という定説とは打って変わって、非モテ研における男性たちの語りは非常に多様で内容も混在している。「標準的な男性像」からの逸脱、逸脱していることへの不安、被害や排除の痛みなどが多声的に語られる。こうした語りを生み出す非モテ研という「場」の性質を考えるにあたって、ある参加者が研究会終了時に語った感想がとても印象に残っている。

一人で部屋で考えるよりかは、なんですかね、なんかここで考えて話したほうが安心感があった。人に聞かれて恥ずかしいってのはあるんですけど、こうやってみなさん集まってきて、こういう会だからさらけ出せるかなって。この会がある意味って、こういうところにあるのかなって参加させてもらって思いました。

自分のプライベートな体験を振り返るのならば、他者から知られないほうが危険は少ないように思われる。しかし彼は他のメンバーに聞かれながら話すほうが、安心感があったという。

「非モテ」男性が過去に所属した、お互いを比較し、からかい合いや達成を強いられ、いつ攻撃・疎外されるかわからない〈まなざしを向け合うコミュニティ〉で、自分の経験や内面を語るのは難しい。それが「標準的な男性像」から逸脱した内容であればなおのこと、馬鹿にされたり非難されたりする可能性があるからだ。また、「自己レイベリング」が生じており、自分に対して否定的なまなざしを向ける「非モテ」男性にとって一人でいる時間も安心とは言いがたい。

一方、「非モテ」研究という共通した目的を持つ仲間たちが集う非モテ研は、〈同じものにまなざしを向けるコミュニティ〉である。その場において、メンバーそれぞれの語りは互いの「非モテ」研究を進めるための貴重な資源として尊重され、敬意をもって聞き届けられる。また、苦悩や失敗も含め、ある程度類似した経験をしている男性同士だからこそ、互いの語りは共感をもって受け取られる。その体験は、今まで「他の人と違う自分はおかしいんじゃないか」と苦しんできた語り手に「自分だけではない」という安心感と自分の生き方を許容できるような感覚をもたらす。つまり、語ることと聞くことが作用し合う交響性と緩い同質性が、豊かな語りを生み出す土壌をつくり出している。

スーツケースワードとしての「非モテ」

もう一つ、語りを生み出す装置として「非モテ」という言葉の効果もある。脳科学者であるミンスキーは、「愛」や「意識」など、心の状態を表す言葉が専門家によって異なる意味で使われている状況を「スーツケース（とりあえず複数のものを放り込める便利な容器）」にたとえ、それらの言葉を「スーツケースワード」と名付けた。*1

第二章で論じたように、主観によって意味が変わる多義語であるという点において「非モテ」もスーツケースワードと言える。何に由来するのかわからない苦悩を、一旦「非モテ」と仮置きして、自分の経験・感情・欲望などを放り込み、語り出す。その後、スーツケースの中身を整理して苦悩の内実や過程を描いたのが本書である。「メンヘラ」「コミュ障」「生きづらさ」などの語彙もスーツケースワードとして位置づけられるかもしれない。

ちなみに、スーツケースワードの使用はこれまで自身の社会的立場を自覚することがなく、焦点化されることのなかった「男性」や「健常者」など、マジョリティ集団の経験に輪郭を与える際に、特に効果を発揮すると思われる。実際非モテ研において「非モテ」というスーツケースワードは、「男性はこうあるべき」という支配的な物語を巻き込みながら、名状しがたい男性たちの生きづらさを掬《すく》いとってきた。

浮かび上がる痛みと妙なつながり

非モテ研というグループの力動と、スーツケースワードの効果によって、これまで詳細にされることのなかった男性の苦悩に輪郭が与えられていく。中でも男性たちの被害経験はその中心的な要素になっている。

クラスメイトに性器を触られた、上司に繰り返し「殺すぞ」と言われた、親がキレると手がつけられず常に怯えていたなど、性被害、パワーハラスメント、虐待といった被害経験が語られてきた。

本書では、「非モテ」男性に共通して見られた、男性集団の権力性を主軸としたからかいや〝緩い排除〟を取り上げて「男性集団内の周縁化作用」と名付け、男性性をめぐる社会問題の一つとして論じた。

前述したように、「男性」というマジョリティ集団に属することで、差別を受けることはない。しかし、だからといって痛みや苦悩がないわけではない。私たち男性には語る経験がないのではなく、それを認識し言語化する言葉がないのだ。

痛みや苦悩に言葉を与えて明確にすることによって、何に傷ついてきたのかを確かめることができる。誰が悪いのかがはっきりと言い切りにくい、からかいやいじり。自分のかけがえなさに固執して見えなくなった孤立感。こうした曖昧なまま沈殿していた否定的な感情が、一体何によってもたらされていたのか、言葉によって道筋がつけられる。

非モテ研は、普段男性たちが身を置くのとは違う空間をつくることで、参加者たちが語りを通して自身の痛みや苦悩に言葉を与えるための場として機能している。そして、言葉を得ていくにつれて、メンバー同士の間に妙なつながりができ始める。

西井：みなさん、なんで非モテ研に来てるのかってあります？
ハーシーさん：うーん、やっぱり面白いってのはありますね。自分と同じところが見えて、それを笑い合えるのがいいですね。
あだちさん：笑い合えるのいいですよね。失敗が再解釈されて、消化されていくような気がする。（中略）僕ら苦しんでたことがあって、これを楽しむ術を見つけたんじゃないですか。
西井：どういうことですか？
あだちさん：苦しんでることがあって、一区切りついたから、この苦しかった経験をリソースにして楽しむ術を思いついたんじゃないですかね。

「非モテ」の苦悩を生み出していた負の経験は、メンバー同士の共通性として発見され、そして不思議と笑いのタネになる。それは上から目線の笑いではなく、共通した経験を持つ者同士だからこそ生まれる「横の笑い」*2だ。

もちろんメンバーの経験には差異があり、完全に同じというわけではないが、その部分的な類似性に対して何やらおかしくなってくる瞬間がある。あだちさんが言うように、これまで否定的にとらえてきた自分の苦悩や痛みは、「再解釈」され、「楽しむ」ものへと変化を遂げる。

また、非モテ研のメンバーたちの関係は一般的にイメージされる男性の友人関係とは微妙に異なる。実際メンバーたちはお互いを「友だち」と形容しない。そこには、メンズトークでよく繰り広げられるような、お互いの差異による競争でも、つながりすぎる均質化でもない、オルタナティブな男性関係が構築されている。

このように、できるだけ権力関係や競争性から距離を置いた男性同士の関係性を築き、再評価していくことが、男性たちの周縁化作用と孤立化を防ぎ、ひいては「非モテ」問題に一石を投じることになるのではないかと思う。

〝ダークサイド〟に触れる

非モテ研で語られるのは男性の被害的な側面だけではない。女性蔑視的傾向のある内容、小児性愛などを含む逸脱的な欲望、同意のない身体接触、ストーキング、そして性暴力やドメスティックバイオレンスなどの具体的な加害経験など、後ろ暗い個人の側面が、回を追うごとに語り出されるようになった。私はそれを〝ダークサイド〟と呼んでいる。

ダークサイドは倫理に反する、もしくはそぐわないという点において、独特の語りにくさがあるかもしれない。公の場ではもちろん、たとえクローズドな語り合いグループの中でも、非難される可能性や、その語りが誰かを傷つけてしまう危険性があるためなかなか言葉にできない。

しかしそれを自分の中だけに押し込めていることにも弊害はあり、脱加害のために、語りを通して他者と共有されることが場合によっては必要になる。妄想・欲望を抱いている場合と、実際に加害的な行為を犯してしまった場合に分けて論じてみたい。

妄想と欲望の公共化

「非モテ」男性は、優しく関わってくれる女性を〝女神化〟して過度な期待を寄せ、〝ポジティブ妄想〟を繰り返し、その妄想を踏襲して行為に及んでしまう場合があると書いた。しかし、妄想は生活にささやかな喜びをもたらす営みでもある。辛い日々を何とかやり過ごすための重要な実践としても機能する。加害を及ぼさないために必要なのは、妄想することを否定することではなく、その妄想が妄想であると認識しながら妄想することだ。もし妄想が誰にも開示されなかった場合、その妄想はいつしか自分の思考を覆い、現実と錯覚するとまでは言わずとも、加害へのハードルを下げてしまう可能性がある。

非モテ研はこうして閉じてしまった自分の思考を開き、相対化する作用を持つ。いわばポジティブ妄想を公共化する役目を果たしている。

語弊があるかもしれないが、「あの子はきっとこんな性格だ」「こういうアプローチならうまくいく」という自己都合的で間の抜けた妄想はユーモラスだ。自分も似たような妄想をしてしまっているならばなおさらで、聞き手は話し手の中に自分と同様の間抜けさを発見し、つい笑ってしまう。ここにも「横の笑い」が生まれている。そして、笑われることによって、自分の思考を覆っていた妄想は相対化され、その妄想通りに事を進めていいのだろうか、と冷静に思考する余地が生まれてくるのである。

妄想だけでなく、逸脱的な性的欲望についても非モテ研で語り合われることがある。念のため書き添えるが、性的欲望を公に語ることが常に正しいことだと考えているわけではない。欲望やセクシュアリティを開示した当事者がそのコミュニティ内で差別的なまなざしを向けられ、自己批判を強いられるような危険が起きないとも言い切れない。

非モテ研では、そうしたリスクをできるだけ回避しながら、自らの欲望がすでに世間から否定的に扱われている場合に生じる不安感や恐怖感を共有したり、欲望を否定せずに加害しないで済む方法を話し合ったりしている。

罪悪感をほぐして脱加害に向かう

次に、実際に加害行為に及んでしまった場合について考えたい。第四章において加害トラウマの問題について触れた。加害者の中には、加害を犯してしまった罪悪感の深さゆえに加害の事実に向き合えず、フラッシュバックなどの苦痛を抱き続けることがある。中には罪の意識に囚われて自罰を繰り返す人もいるだろう。

加害者がそうした苦痛を抱くのは当然の報いであり、なぜそれを聞き取る必要があるのかという意見もあるかもしれない。しかし、加害者が苦痛を抱いたり自罰をしたりするだけで、なぜその行為を犯したのかを振り返って言語化しないのであれば、彼はまた同じ行為を繰り返さないとも限らないし、下手をすれば過度な自罰によって逆に被害者意識を募らせ、他罰的になる危険性もある。

非モテ研でなぜダークサイドが語られるかと言えば、それは端的にダークサイドの語りを否定しないということが理由として考えられる。主催する私自身もいつ差別的なふるまいや加害を犯すかわからないし、またハラスメントなどを実際に犯してもきた。

誰しもがダークサイドを抱えているという前提でグループは設定されており、誰も参加を拒否されない。逆にもし、ダークサイドを持つという理由でどのコミュニティからも排除されてしまえば、「非モテ」男性は孤立化し、また悪循環のサイクルにはまり込んでしまう。

排除されず、否定されず、自分の罪が聞き届けられる。それは一見ぬるいものに見えるが、誰かとともに語り合って自己省察する場があるからこそ、加害の事実に向き合えるということがある。

烏さん：僕の場合はストーカーみたいなことしてたトラウマに向き合えた。すごくしんどかったのがちょっと触れることができた。それが良かったですね。

加害トラウマに苦しんできた烏さんが、非モテ研についてこのような感想を話したことがあった。非モテ研での語り合いの効果かはわからないが、このところ過去が急に思い出されて突然叫んだりすることが減ってきたという。彼はストーキング行為も現在はしていない。

同じ加害行為を繰り返さないためには、罪悪感をほぐして自身の加害を認め、なぜ加害に至ったのか本人が振り返って整理し、変化させることができるポイントを見つけて修正する必要がある。それが脱加害へとつながり、加害の防止にも寄与していく。

タカハシさんが話した「女神の人間化」はその一つだ。彼は、自分のイメージを投影して女性に執着することと、対等な存在として敬意をもってアプローチすること、いわば執着と情熱の境界を見極める営みを始めつつある。

タカハシさん：（女神というイメージは）その人と会って話した時に、ちゃんと戻そうって思うんです。（イメージが）肥大化するのはまあある程度仕方ないけど、せめて会った時にちゃんと戻そうと。多分自分の中で勝手に肥大化したイメージのままで関わっていると、知らず知らずのうちに自分の気持ちを押し付けるみたいな感じになってきて、多分それって思いやりじゃないんだろうなーって、思うようになって。

このように男性規範の影響も受けながらやってしまった行為を、言葉を生成することで批判的に解釈し、そして修正していくのである。

ただし、加害を説明すること、加害を繰り返さないこと、加害を防止することが、果たして被害者への償いになっているのかと言えば、まだ不十分だろう。償いは非モテ研の大きなテーマとして引き続き探求されている。*3

悩むための空間

さて、非モテ研が行っていること、起きていることをまとめよう。まず、非モテ研は苦悩や痛み、そしてダークサイドによって部分的なつながりが生まれている点にその特徴がある。始めた頃には、男性同士で山登りに行き、時に恋愛トークをうだうだと語り、脱加害に向けて能動的に動き出すようなグループになるとは思ってもいなかった。男性集団の権力性によって周縁化され、孤独と孤立の状況にいた「非モテ」男性たちは、お互いの語りに敬意を払い、共感し、笑い合い、非モテ研の中でつながり直していく。

また、安心して悩むことができるという点も非モテ研の良さだろう。話す内容が逸脱的であってもいい。話し方や話の順序が整然としていなくてもいい。解決や希望を目指さなくてもいい。第五章で確認したように、解決することに囚われると問題は余計にこじれていく。ただつながり、悩み、語り合う空間。

こうした安心して悩むことのできる場は、自分たちが生きる世界を象《かたど》る言葉を生成していく。「からかい」「緩い排除」といった自分を追い込む環境を指す言葉、「女神化」「ポジティブ妄想」「一発逆転」など、男性としての自分が陥る思考を象る言葉。こうした言葉をつくり出し、物語ることで、私たちは今まで意識することのなかった事象や思考を整理し、詳細に把握する。そして他者や社会の課題を問題化し、自分の問題については「変えられること」を見つけて変化を目指す。

こうした実践を可能にするために、非モテ研はどんな語りをも許容する場になっているが、その自由さは、下手をすれば自己否定的、もしくは差別的・暴力的な方向へと氾濫していく危険性も帯びている。そうならないよう、自身の痛みへの着目と他者への配慮を念頭に私はファシリテーションを行っている。

仮に「女性の身体に触れたくなるのは男性ならば当然だ」という話題が出たとすれば、女性の身体に触れたくなることを一つの現象として外在化し、「触れたいと思う前には何があったか」など別の角度から質問をする。行為の是非を問うたり、裁いたりするのではなく、その代わりに性差別的なふるまいに向かってしまう経緯や環境を問う。時に、触られる側の視点への洞察を促すこともある。

変わったこと、変わらないこと

こうした非モテ研の活動がどれだけ影響を与えているのかはわからないが、メンバーから自身の変化が語られるようになった。例えば、神聖視し執着する対象としてではなく、対等な存在として女性と関係をつくることができるようになってきたというメンバーや、自罰を繰り返して家にこもりがちだったが主体的に社会的な活動に関わるようになったメンバーもいる。

私自身にも変化があった。私はこれまで無自覚に他者に優越することを志向する傾向があり、それはコミュニケーションにおいてからかいや知ったかぶりという形で出現していた。それが非モテ研での活動を通じて、そうした会話に頼らなくても親しい関係性が築けることに気づき、会話もだいぶ柔らかくなってきたように思う。

非モテ研のメンバー同士の関係性も発展してきた。何か困りごとや不安なこと、悲しいことがあった時、また他者と関わってやらかしそうな可能性があると思った時、すぐにメンバー同士で共有して励ましたり一緒に悩んだりする文化が生まれてきた。私が失恋した際には、他のメンバーがスーパー銭湯に連れて行って励ましてくれた。

現在コロナ禍ですぐに会うことは難しいが、オンライン会議サービスを知ったことで、しばしばオンラインミーティングが夜中に開催されてもいる。密接した関係ではないが、暴力性から距離を置いた、ほどほどに支え合う男性同士の関係が非モテ研では築かれてきている。

さて、こう書くと何やら素晴らしいグループのように読めるかもしれない。男性同士でケアし、自分の行為を反省し、女性にも執着しない、清く正しい人生に向かうような……。

しかし現実はそう簡単にいかない。メンバーたちはいまだに欲望まみれである。恋人は欲しい、セックスをしたい、思いを寄せる彼女にもう一度会いたい。また、非モテ研に来たからといって過去や現在の苦悩や痛みがすぐに回復するわけもなく、一人で悶々《もんもん》と苦しみ、うなり、涙を流すこともある。誰かを傷つけた時も、「俺が悪いんだ」と過剰に自責の念に囚われたり、逆に「いや、でも相手だって」と何度も正当化したりもする。もうずっと右往左往してさまよい続けている。

非モテ研は、いわばできるだけ「非モテ」をこじらせないためのグループと言えるだろう。孤立感や自己否定感や罪悪感。それは当事者に過度なセルフネグレクトや自罰をもたらしたり、女性への過度な執着や、恨みに転化したりする可能性がある。非モテ研は語り合いを通して苦悩の中身を整理することで、苦悩をこじらせないようにぎりぎりのところで踏みとどまろうとする実践の場である。そして、踏みとどまれなくても、こじらせても、訪れることが可能な空間でもある。その場は不安定にさまよう男性たちに、常に開かれている。

終章　隣り合って「男」を探求するということ

前章までで一旦本書の目的を果たすことができた。本章では補足的な内容として、「非モテ」男性の研究を進める上で私が感じた困難について論じるとともに、男性が男性を研究する際の研究者の立場性や研究の視点について考察を試みたい。

執筆にまつわる私の悩み

非モテ研のメンバーの語りを引用しながら本書を書き進めるうちに、彼らに対して何か不誠実なことをしているような不安が頭をもたげてきていた。何度も「書けなさ」が襲ってきて、締め切りが迫っているのに漫画を読んだりＳＮＳを眺めたりして逃避を繰り返していた。

まず思い当たったのは、メンバーの語りを部分的に切り貼りし、解釈を加え、一般化してしまう暴力性についてだった。それはフィールドワークなどの質的調査を行う際に生じる「分析する権力」として問題視され、文化人類学者や社会学者たちは自身の調査姿勢を省み、その権力性をも研究の対象にしてきた。

私が抱える不安も、分析する権力をメンバーに行使してしまうことへのためらいなのかもしれない。しかしただ権力性を省察するだけでは済まないような危うさが、この執筆活動にある気がしてならなかった。

まず、何を主語にして書き進めていいのかがわからなかった。第三章の冒頭にも書いたように「非モテ」男性の経験として一般化させて書くことにしたが（そこにも暴力性があることはすでに述べた）、その主語である〈「非モテ」男性〉の代名詞には何を使えばいいか悩んだ。

「ぼくらの非モテ研究会」は一つの集団であり、私を含め全員が部分的に「非モテ」という当事者性を持っている。しかし当然ながら差異もあり、特にこれまでの人生を通じてパートナーがいた時期もある私が、他のメンバーと自分をひとくくりにして、〈私たち〉の経験として記すことができなかった。その一方で、私が「非モテ」に悩んできた経験を有し、そして非モテ研でメンバーたちと一緒に活動してきたにもかかわらず、急に非モテ研メンバーを〈彼ら〉と他者化して語るのも、傲慢で小賢《こざか》しい行為に思えた。「仲間」〈私たち〉として活動しながら、メンバーの語りを〈彼ら〉とくくり、「研究者」として分析する自分は、一体何者なんだろうという問いが、ぐるぐると回っていた。

そもそも非モテ研のメンバーたちは、私の研究のために語っているわけではなく、自分の探究のために語っているのだ。その語りを部分的に抽出することは、彼らへの冒瀆《ぼうとく》ではないか……。

こうした不安に駆られているのだということを、私は知り合いの研究者である東京大学の山田舜也さんに相談してみた。山田さんは吃音の当事者であり、研究者と当事者の立場を行き来しながら研究する難しさを私と共有していた。また、彼は別のある研究者から吃音に関するインタビュー調査を受けた際、自身の語りを粗雑に扱われ、搾取されたという怒りを抱いているということを以前話しておられた。

「自分も搾取しているかもしれないです……」。そう彼に話してみたところ、「それは大切なテーマですね」と共感し、「せっかくなので他の非モテ研のメンバーも呼んでオンライン会議をやりましょう」と提案してくださった。

自分が搾取しているかもしれない相手と、搾取しているかもしれない悩みについて話し合う。それはとてもラディカルでユニークな発想に思えたが、メンバーの目の前で自分の搾取性があぶり出されてしまうような恐れも感じた。

何はともあれやってみようと決め、非モテ研のメンバーに呼び掛けたところ、六名のメンバーが参加してくれた。こうして「西井が当事者搾取をしているかもしれない問題について考える会」が開かれた。

前半は、何が搾取にあたるのかについて、山田さんが自身の経験をもとに話してくださった。彼は、自身の語りが、引用されることに同意した研究論文とは別の媒体で勝手に引用されていたこと、しかも自分が了承したのとは違う解釈を加えられたことに憤りを感じたと話し、研究者として誠実な対応をすることが重要なのではないかと指摘してくださった。そして「非モテ研のみなさんは西井さんに搾取されてると感じますか?」とストレートな質問をされた。冷や汗が出てきた。

メンバーの明日葉さんが口を開いた。「いや、西井さんは誠実ではあるんです。非モテ研での語りを研究に使うことを事前に説明しているし、匿名化もきっちりしている。どこを引用するかも事前に確認しているし、了承していないものは引用しない。約束はきちんと守っているんです。でもはっきり言って腹が立つ瞬間はあります」。

明日葉さんが腹を立てたのは、対話グループに関するシンポジウムでのことだった。その シンポジウムに登壇した私が、非モテ研でどのような語りが生まれるのかを説明した瞬間、彼は私に対して混乱や悲しみを覚えたという。その語りに烏さんも共感し、別のイベントで西井がパワーポイントでスライドを使いながら「非モテ」について一般化して話しているのを見た時、無性に腹が立ち、非モテ研を抜けてやろうと思ったと振り返った。

これまで非モテ研という場で、隣で自分と同じように自身のエピソードを語っていた人間が、急に外から客観的に「非モテ」や非モテ研について語り出す。〈内〉から〈外〉へと移動し、他のメンバーから距離を取ること。それは、私以外のメンバーからすれば、非モテ研という場で自分の経験を研究〈する〉側から研究〈される〉側に落とし込まれることに他ならなかった。「裏切られたような気持ちがした」と話すメンバーもいた。

「距離」とともにメンバーたちから指摘されたのは「速さ」の問題だった。グループで語り合っているうちにメンバー同士の経験の重なりを見つけて、一般化されていく瞬間は確かにある。しかし、それはメンバー同士でとことん語り合ってようやく生じるような現象である。それに対し、彼らの語りを断片的に引っ張ってきて私の解釈でまとめ上げる一般化は、あまりにスピードが速すぎる。解釈がずれている場合さえある。他のメンバーが腑《ふ》に落ちることを待たない私のその姿勢に、明日葉さんや烏さんはショックを受けたという。

私はこれまで「仲間」の立場から「研究者」の立場へと素早く移行することで、分析という営みを行っていた。確かに研究倫理という表面上の問題はクリアしているのだけれど、私のその研究の姿勢は、感情の部分で仲間たちにネガティブな影響を与えていた。同じことを続けていては、非モテ研が成り立たなくなると感じた。

このオンライン会議の中でなされた「距離」と「速さ」の指摘は、非モテ研というフィールドにおいて、私が研究者としてどうふるまってきたのかを明確にした。と同時に、この「距離」と「速さ」を変化させることで、これまで切り離して考えてきた「仲間」と「研究者」という立場性を両立することができるのではないかと考えた。

私は語りを引用させてもらった各メンバーに連絡を取り、書いた内容について一緒に考えてくれないかと持ち掛けた。皆気前よく私の申し出を受け入れ、時間をとってくれた。コロナ禍の中で直接会えないメンバーもいたので、オンライン通話も使いながら、引用の仕方に問題はないか、参照した専門的な概念がメンバーの統合できていなかった体験を説明するのに役立っているのかを検討し、メンバーとともにさらなる解釈を加えた。時には複数のメンバーと改めて語り合う時もあった。つまり、非モテ研で語られた内容について、私とそれを語ったメンバーや他のメンバーと、客観的かつじっくりと解釈し直したのである。それはいわば、隣り合いつつ外から見る、という作業だった。

こうした作業を通じて、私は「当事者を搾取している」と言いすぎることもまた不誠実なような気がした。非モテ研のメンバーたちの中には、主体的に「非モテ」研究に協力し、また自身の経験が本書のような形で考察、発信され、社会に一石を投じることに喜びを感じているメンバーも少なくなかった。そんな彼らを搾取される受け身な存在として位置づけてはならないとも感じた。

とは言っても、私が「研究者」としての権力性を持っていることは揺るがない。各メンバーとの複数回のやりとりを経て、ようやく本書は書き上げることができたが、私はまだ〈私たち〉と〈彼ら〉の間で揺らいでいる。

男性学の課題

日本において、一九八〇年代以降男性・男性性に焦点を当てた研究と議論が蓄積されてきた。それはフェミニズム・女性学の登場によって相対化された「ジェンダー化された存在」として男性を描き出す営みであったといえよう。こうした研究は男性研究、男性性研究、男性学など表記がいくつか存在するが、ジェンダー研究者の川口遼《りょう》はこれまでの議論を総括しながら、中でも男性学を「男性の視点からなされる男性、男性性および男性社会の研究」と定義している[*1]（傍点は筆者による）。

この定義に従うならば、本書で取り上げた「非モテ」男性の研究は、語り合いグループの実践を通して周縁化された男性の生活世界を描いたという点において、男性学として位置づけられる。

川口は同論文の中で、これまでの男性学は当事者主義を掲げながら男性たちの被抑圧性に焦点を当てているものの、その研究の担い手である研究者が人種、階級、国籍、セクシュアリティなどの点においてマジョリティであるがゆえに、男性の被抑圧性を十分に描ききれていないと批判する。

確かに川口の指摘する通り、男性学研究者が自身の立場や社会的属性を基準として「男性の被抑圧性」を分析したならば、それは限定的なものになるだろう。ただ一方で、では男性学研究者たちが自身の当事者性を十分に生かしながら研究できているのかと言えば、少なからず疑問が残る。

既存の男性学はマクロな計量的データをもとに論じられたものが多く、データに表れた男性の傾向について、男性規範に縛られている、という一元的に大枠だけをとらえた解釈がなされていく傾向が強い。こうした解釈は一定の説得力を持つ反面、男性たちが男性規範にどのように絡めとられていくのか、なぜ男性規範によって不利益を被っているにもかかわらず、あえてその規範を維持していくのか、その合理性が十分に把握できないという問題がある。

例えば、過労という問題が男性学ではよく論じられるが、なぜ自分の心身を削ってまで働き続けるのか、なぜ辞めないのか、その理由に対して、男性規範を背景とした男性個人の「男らしさ」へのこだわり、もしくは周囲の評価などからの説明以上の考察は管見の限りなされていない。*2

男性たちの行動に対して、男性規範に拘束されている、いわば男性規範によって選ばされているという解釈が与えられた時、その行動に至るまでの具体的な他者とのやりとりや環境との相互作用は不透明になり、分析として不十分なものとなる。また、そこで描かれる男性像は男性規範に縛られた受け身的な存在となってしまい、ミクロレベルで男性規範を維持する、もしくは規範をずらす彼の主体的実践は埋もれていく。男性規範を所与のものとして解釈することは、男性規範の解体には結びつかないという陥穽《かんせい》がある。

さらに、これまでの男性学は男性の被抑圧性を描く一方で、いかに男性が現在のジェンダー非対称な社会構造の維持に手を貸しているのか、また女性に対して直接的差別を行っているのかについては十分に考察できていないという課題がある。

男性学者の田中俊之は、男性が「女性問題」を考えることは上から目線か過剰な自責のどちらかにしかならないこと、「男性の生きづらさ」と女性差別の両方を男性学の射程に入れると、女性差別への照準がぼやけることなどの理由から、「男性学では女性差別を主題的に扱えないのは事実」と結論付ける。[*3]

しかし、本研究で見てきたように男性の被抑圧と女性への抑圧は複雑に絡み合って布置されている。どちらかだけを機械的に抽出するということは、それこそ男性問題を考察する確度がぼやけることになるのではないだろうか。マジョリティとしての立場にある男性の問題を追えば、抑圧性や特権という問題に自然と突き当たる。

「複数の文化が圧倒的に非対称な権力関係のもとで出会うとき、同じ現象が異なる立場から異なる現実として経験される」[*4]。女性学は被抑圧者としての立場から、女性の被害や被支配を徹底的に分析してきた。女性学が描く男性像が一般化されすぎているという男性学の指摘があるが、女性学のその立場性を加味すれば、加害性や権力性が前景化して男性が描かれるのはいわば当然の帰結だろう。

だとすれば、女性学の一般化から距離を置き、男性の生きづらさや男性による抑圧や加害のメカニズムの機微に迫ることこそが、男性学に課せられた重要なテーマなのではないだろうか。

男性たちのミクロな生活経験に分け入り、過労や加害などを含む一見理解できない男性の行動を詳細に把握するために、「男性視点」「男性としての当事者性」は大きな力を発揮するはずだ。

しかし男性学の内実は、男性たちの生活経験を詳細に追うのではなく、すでにある理論に基づいて、マクロなデータを参照しながら男性・男性性を分析する実証主義的な考え方の強いアプローチに陥っている。

こうした研究には、前述したこと以外にもう一つ問題がある。実証主義的なアプローチを行う際、男性学研究者は自身を括弧に入れて、〈外側〉から他の男性たちの行動を解釈していくわけだが、そのふるまいは、男性たちが絡めとられている社会構造のしがらみを自分は十分に意識化できていて、逆に研究対象の男性たちは意識化できていないというメッセージを、意図せず持ってしまう。いわば、その男性研究者は「わかっている」男性と「わかっていない」男性という分断と優劣を生み出し、男性同士の競争を新たにつくり出す。こうして序列性を伴った男性の物語は編み直されることになる。

臨床社会学的男性研究の試み

本研究は非モテ研のメンバーたちとともに共同研究を行い、〈内〉と〈外〉を行き来しながら「非モテ」男性の世界を分析した。その結果、からかいや〝緩い排除〟といった他者との相互作用の中で男性の権力性を維持してしまう側面や、男性集団内の競争の力学に参入することで親密性を得ようとする意図を描き出し、「男性集団内の周縁化作用」として新たに概念化することが可能になった。

また女性との関わりについては、過度な自己否定から逃れるために、男性規範に影響されながら抑圧的・加害的な行動を犯してしまう傾向や、正当化する語彙を用いながら自身の欲望を満たそうとする側面を見出せた。

こうした発見は私の一方的な分析によってなされたわけではない。といって非モテ研のメンバーが一人でたどり着いたものでもない。非モテ研の中で語り合われた経験について、他のメンバーの語りと響き合いながら名前がつけられ、専門的知見を参照しつつ、共に解釈することで見出されたものである。

こうして私を含むメンバーたちは自己理解を深め、男性規範や男性同士の権力競争から距離を取る実践を再発見するとともに、できるだけ女性に対する抑圧的なふるまいを修正する術を探ってもきた。

自身を社会的文脈から切り離さず、男性の当事者性を生かしながら他の男性とともに共同で研究を重ね、共に自己理解や自己変革を目指すところに本研究の独自性がある。それは、男性の生活経験に依拠した臨床社会学的な男性研究と言えるだろう。

一方で、この研究姿勢には課題もある。一つは研究者がグループの中で権力性を持ってしまい、それがメンバーに対して抑圧的に働いてしまうというリスクである。自身の権力性への自覚が必要となる。

もう一つは、メンバーを〈「非モテ」男性〉のようにカテゴリーでくくってしまう問題点である。男性個々人が抱える問題やその経緯は当然多様であり、「男性集団内の周縁化作用」をとっても周縁化の過程はそれぞれ異なるだろう。それを一つの物語として描いてしまうことは、川口が懸念したように男性の被抑圧性を「一枚岩」的にしか把握できないという問題を抱えている。今後ジェンダー以外の属性の交差性を加味した詳細な男性研究が望まれる。

大言壮語になってしまうが、研究者とグループのメンバーが共同し、〈外〉と〈内〉とを往還するような実践連動型の男性学の可能性を提示し、本書の結びとしたい。

おわりに

同窓会で久しぶりに再会した当時のクラスメイトが、「西井くん非モテの研究してるんやって？　女の子紹介してあげようか？」とニヤニヤしながら声をかけてきた。うんざりする。似たような言葉を数えられないくらい浴びせられてきた。さらに嫌になるのは、同じような言葉を自分も誰かにぶつけた記憶があるからだ。不快感を伴いながら、私はなぜ「非モテ」を研究の主題にしようと思ったのか、その動機を再確認した。

差別とはまた違う、微妙な形で、そして小刻みに貶められる。しかしなぜかそれを言い返すことができない。無視することもしない。半笑いでそれをいなす自分がいて、貶められたことを誰かに話すこともない。その痛みや悔しさを名状できずに燻《くす》ぶらせている。こうした状況を生きている男性は少なくない。

その一方で、女性が性差別の問題について声を上げると、決まって一部の男性から「男だってつらい」という声が上がる現状も、またある。まるで女性の訴えを相殺するために発される「生きづらさ」の語り。それは女性の声を押さえつけるだけでなく、おそらく彼自身をも暗い部屋に閉じ込めているのではないかと思う。

男性である層が相対的に多くのことを許され、優遇されている社会構造があり、誰しもが否応なくその中に身を置いている。それが事実であるということを見据えつつ、それでも男性たちが、私が、確かに何らかの苦しみを抱いている実情をないことにしない。誰かを黙らせるためではなく、自分たちのために、自分たちが身を置く社会を見つめるために、「生きづらさ」を掘り起こしていく。こうした思いで本書を書き続けた。

見えてきたのは多くの男性を巻き込みながら存在する、中心がぽっかりと空いた中空構造の世界だ。正解はない。にもかかわらずまるで正解があるかのように見せかけられている。男性たちは躍起になって虚構の中心を目指し、少しでも近づくために周囲の人間を蹴落とそうとする。このグロテスクな共同性がいかに生まれているか、その過程とオルタナティブな共同性の一端を本書では書き示すことができたのではないかと思う。

この構造を外側から眺めて論じられたらどれだけ楽だったろう。しかし男性として生きてきた私が世界から自分を切り離すのは傲慢でためらわれたし、そして何より非モテ研のメンバーがそれをさせなかった。簡単に外側へ行くな、と私を踏みとどまらせた。研究者―当事者の間でとり乱す私を、彼らは抱え、そして時に諌《いさ》めてくれた。私とメンバーの間で軋轢もあった。格闘だったと思う。何度も話して、一緒にご飯を食べて、そしてこの本ができた。

*

執筆にあたり、多くの方に協力いただきました。まず、「ぼくらの非モテ研究会」の参加者の皆様に感謝の意を表します。語りの提供や、引用の箇所の確認・修正など、皆様の協力なくして本研究は成し得ませんでした。本当にありがとうございました。

本書の元となった立命館大学応用人間科学研究科修士学位論文執筆の際、臨床心理学の視点から適切な助言と丁寧な指導をしてくださった森岡正芳先生、何度もあたたかい言葉をかけてくださった斎藤清二先生、尾上明代先生、団士郎先生にもお礼申し上げます。修士課程での指導において、理論に固執せずにナラティブを徹底的に見つめるという研究姿勢を身につけることができました。

修士課程から継続して指導をしてくださっている中村正先生、村本邦子先生にも感謝申し上げます。中村先生には臨床社会学の研究者としての基本を教えていただきました。また、男性の立場から男性性や男性の加害について研究することに困難さを感じ、立ちすくむ私を辛抱強く見守り、励ましてくださいました。また村本先生は過去にグループを主催されていた経験から、非モテ研の運営に関して有意義なアドバイスをくださいました。私にとって大きな支えになっています。ありがとうございました。

「関西男性学研究会」の尾﨑俊也さん、堀内翔平さんには常に刺激的な議論をいただき、精神的にも支えられました。

批評家の杉田俊介さんからも多くのことを学ばせていただきました。杉田さんの著書である『非モテの品格』は私に大きな影響を与え、杉田さんが繰り返し述べられている「男性には言葉が足りない」という提示は、非モテ研の実践と本研究の大きな指針になっています。二年ほど前、半ば押しかけのように連絡したにもかかわらず時間をとってくださり、研究の相談に乗っていただきました。

まくねがおさんにも感謝申し上げます。SNSで知り合ってから五年。メンズリブの観点から映画について一緒に語り合うことで、さまざまな気づきをいただきました。ありがとうございました。

また、本書の出版は桃山商事の清田隆之さんにきっかけをいただき実現しました。素晴らしい帯文もありがとうございます。担当編集である藁谷浩一さんにもお世話になりました。本書の企画をご提案いただき、また筆の遅い私を粘り強く見守ってくださいました。

最後に。「ぼくらの非モテ研究会」を一緒に運営するメンバーへ。ありがとう。これからもよろしく。

＊

本書の研究は、科学研究費補助金（特別研究員奨励費：研究課題／領域番号20J12405）の助成を受けた。

註

第一章

＊1　文章をメインコンテンツにした日記調のサイト。ブログの前身。

＊2　本田透『電波男』三才ブックス、二〇〇五年。

＊3　例えば三浦展は、一五～三二歳を対象にした独自のアンケート調査を分析し、容姿が悪いと正社員になりにくく、そのため「人間力」や「コミュニケーション能力」も成長しないので男性に自信が形成されない。また年収も上がらないので精神的余裕も生まれにくく、女性に積極的になれなくなるので、「モテるモテないが過剰に意識される」と結論付けた（『非モテ！――男性受難の時代』文春新書、文藝春秋、二〇〇九年）。

＊4　革命的非モテ同盟の終身名誉書記長である古澤克大は、デモは孤独に陥りやすい「非モテ」男性たちが集まるための口実という側面もあり、バーベキューやゴミ拾いのボランティアも行っているとインタビューの中で話している（「貧困時代の若い男性の現実――革命的非モテ同盟に聞く」「季刊セクシュアリティ」№39、エイデル研究所、二〇〇九年）。

＊5　現在は閉鎖中であるが、別のコミュニティサイトが存在する。

＊6　Sylvia Jaki, Tom De Smedt, Maja Gwóźdź, Rudresh Panchal, Alexander Rossa, Guy De Pauw. (2019). "Online Hatred of Women in the Incels.me Forum: Linguistic Analysis and Automatic Detection" *Journal of Language Aggression and Conflict*.

＊7　「好きな女性から相手にしてもらえない」ことを「モテない」こととする、小谷野敦（『もてない男――恋愛論を超えて』ちくま新書、筑摩書房、一九九九年）の定義や、「非モテとは『もてないことを自任する人びと』」であると社会学的に定義し、［a］恋愛したくてもできないタイプ（内発的非モテ）、［b］「恋愛」をしたくないタイプ（外発的非モテ）とカテゴリー化する、渋谷知美（『平成オトコ塾――悩める男子のための全6章』双書Zero、筑摩書房、二〇〇九年）の分類がある。

＊8　森岡正博「『モテないという意識』を哲学する」『フリーターズフリー』02号、フリーターズフリー、二〇〇八年。

＊9　杉田俊介『非モテの品格――男にとって「弱さ」とは何か』集英社新書、集英社、二〇一六年。

＊10　上野千鶴子『女ぎらい――ニッポンのミソジニー』紀伊國屋書店、二〇一〇年。

第二章

＊1　野口裕二『物語としてのケア――ナラティヴ・アプローチの世界へ』医学書院、二〇〇二年。

＊2　当事者研究には明確に限界もある。詳細は＊3参照。

＊3　「問題の外在化」を応用した当事者研究などの実践には課題もある。例えば、参加者が抱える問題の詳細を明らかにする過程で、必要以上に他の参加者から質問がなされて負担になる、意図しないカムアウトをさせられてしまう、本人に責任がない問題なのに、その解決のための行動を迫られる、といった事例が非モテ研でこれまでにもあった。こうした課題を共有しながら、非モテ研では対策を講じている。

＊4　一九九九年から開かれているメンズサポートルーム大阪は、そのメンバーのほとんどがＤＶ加害当事者か元当事者で構成されており、自身の加害経験を語りながら脱暴力に向かうことが目指されている。

第三章

＊1　声が埋もれる、という問題は元々マイノリティの解放運動の中で議論されてきた歴史がある。例えば一九六〇年代に興った女性解放運動には、「個人的なことは政治的なこと（The Personal Is Political）」というスローガンがある。運動の担い手となった女性たちは、コンシャスネス・レイジング（ＣＲ）というグループを開いて自分たちの傷つきについて語り合い、それが普遍的な問題であることと、またその背景には家父長制があることを明らかにした。

＊2　渋谷知美『日本の童貞』文春新書、文藝春秋、二〇〇三年。

＊3　多賀太『男らしさの社会学―揺らぐ男のライフコース』世界思想社、二〇〇六年。

＊4　田中俊之『男がつらいよ―絶望の時代の希望の男性学』KADOKAWA、二〇一五年、「男性学は誰に向けて何を語るのか」（特集「男性学」の現在―〈男〉というジェンダーのゆくえ）「現代思想」二月号、青土社、二〇一九年。

＊5　佐藤恵「社会的レイベリングから自己レイベリングへ」「ソシオロゴス」一八号、一九九四年。

＊6　須長史生『ハゲを生きる―外見と男らしさの社会学』勁草書房、一九九九年。

＊7　江原由美子『女性解放という思想』オンデマンド版、勁草書房、二〇一三年。

＊8　Vandello, J. A., Bosson, J. K., Cohen, D., Burnaford, R. M., & Weaver, J. R. (2008). Precarious

manhood. *Journal of Personality and Social Psychology*, 95 (6).
*9 土井隆義『友だち地獄―「空気を読む」世代のサバイバル』ちくま新書、筑摩書房、二〇〇八年。
*10 中村正「臨床社会学の方法（1）暗黙理論」「対人援助学マガジン」一三号、対人援助学会編、二〇一三年。

第四章

*1 清田隆之『よかれと思ってやったのに―男たちの「失敗学」入門』晶文社、二〇一九年。
*2 「イケメンならば許される」という言葉がその典型だが、どのような関係性であろうと一部の男性に限り、拙速なアプローチを取っても許容されるという言説が存在する。しかし、本当にそれが女性に許されているのか、という点について再検討する必要があるだろう。例えば、相手が組織やコミュニティなどの集団の中で権力を持つ男性だった場合、彼に拙速なアプローチをされ、それを受けた女性が不快な思いをしたとしても、彼女はそれを許容せざるを得ない場合がある。なぜなら抵抗を見せた場合、集団内で不利益を被る可能性があるからだ。だとすると、一部の男性は「許される」のではなく「黙らせている」と言い換えてもいいかもしれない。こうした可能性がある中で、「非モテ」男性が女性との関係を築くために「男らしい」アプローチをとる必然性はないように思う。
*3 中村正「暴力臨床論の展開のために―暴力の実践を導く暗黙理論への着目」「立命館文學」第六四六号、立命館大学人文学会編、二〇一六年。
*4 山根純佳「介護を考える02.ジェンダー―男性介護職の可能性」「介護男子スタディーズ」(http://

www.kaigodanshi.jp/study/02/)、二〇一五年。

＊5 「戦争加害によるトラウマの世代間連鎖と和解修復の試み—"HWH: Healing the Wounds of History（歴史の傷を癒す）"の手法を使って」『戦争によるトラウマの世代間連鎖と和解修復の可能性—国際セミナー「南京を思い起こす2009」の記録』ヒューマンサービスリサーチ：オープンリサーチセンター整備事業「臨床人間科学の構築」：19、村本邦子編、立命館大学人間科学研究所、二〇一〇年。

第五章

＊1 マイケル・ホワイト、デイヴィッド・エプストン『物語としての家族』小森康永訳、金剛出版、一九九二年。

第六章

＊1 浅野智彦「孤独であることの二つの位相」『アキハバラ発—〈00年代〉への問い』大澤真幸編、岩波書店、二〇〇八年。

＊2 江原由美子「ジェンダーと構造化論—ギデンズ、ブルデューを中心に」『ジェンダーと社会理論』江原由美子、山崎敬一編、有斐閣、二〇〇六年。

＊3 森岡正博『草食系男子の恋愛学』メディアファクトリー、二〇〇八年。

＊4 「非モテ」男性の加害の背景には周縁化の問題があるが、だからといって周縁化されている男ほど加害に至るというわけではない。ここ数年メディアで取り上げられたセクシュアルハラスメントの事件

を思い起こせば、社会的に高い地位にある男性も加害行為を行っていることは明白である。

＊5　こうした状態を、江原は＊2に挙げた論考の中で「半意識的」と表現している。

＊6　人間の行為は多くの要因によって多元的に生じているにもかかわらず、意志という要因によってのみ説明されることの問題点に関して、國分功一郎『中動態の世界―意志と責任の考古学』（医学書院、二〇一七年）を参考にした。

＊7　福井裕輝「ストーカー加害者の病理と介入」「刑法雑誌」五五巻第三号、日本刑法学会、二〇一六年。福島章「ストーカーの心理」「刑政」一〇九号、矯正協会、一九九八年など。

第七章

＊1　マーヴィン・ミンスキー『ミンスキー博士の脳の探検―常識・感情・自己とは』竹林洋一訳、共立出版、二〇〇九年。

＊2　綾屋紗月、熊谷晋一郎『つながりの作法―同じでもなく 違うでもなく』生活人新書、NHK出版、二〇一〇年。

＊3　詳細は『モテないけど生きてます―苦悩する男たちの当事者研究』（ぼくらの非モテ研究会編著、青弓社、二〇二〇年）に記載したので参照されたい。

終章

＊1　川口遼「男性学における当事者主義の批判的検討」「ジェンダー&セクシュアリティ」3号、国際

基督教大学ジェンダー研究センター、二〇〇八年。

＊2　伊藤公雄『男性学入門』作品社、一九九六年。田中俊之『男性学の新展開』青弓社、二〇〇九年。性別役割分業が敷かれた社会構造の中で、男性が賃労働することで妻に対する支配が可能となるという解釈があるかもしれないが、過労で死んでしまえば元も子もないし、また独身男性が過労する説明にはならない。

＊3　第三章＊4参照。

＊4　上野千鶴子「当事者研究と『社会学（女性学）』」『みんなの当事者研究』「臨床心理学」増刊9、熊谷晋一郎編、金剛出版、二〇一七年。

JASRAC 出 2104081-403

西井 開（にしい かい）

一九八九年大阪府生まれ。神戸大学発達科学部卒業後、会社員、NPO職員、無職期間を経て、立命館大学人間科学研究科博士後期課程。日本学術振興会特別研究員。臨床心理士。公認心理師。専攻は臨床社会学、男性・マジョリティ研究。モテないことに悩む男性たちの語り合いグループ「ぼくらの非モテ研究会」発起人、男性の語り合う場をつくる任意団体「Re-Design For Men」代表。共著に『モテないけど生きてます――苦悩する男たちの当事者研究』（青弓社）がある。

「非《ひ》モテ」からはじめる男《だん》性《せい》学《がく》

集英社新書一〇七六B

二〇二一年七月二二日 第一刷発行
二〇二四年六月 八 日 第三刷発行

著者……西井《にしい》 開《かい》
発行者……樋口尚也
発行所……株式会社集英社
東京都千代田区一ツ橋二-五-一〇 郵便番号一〇一-八〇五〇
電話 〇三-三二三〇-六三九一（編集部）
〇三-三二三〇-六〇八〇（読者係）
〇三-三二三〇-六三九三（販売部）書店専用

装幀……原 研哉
印刷所……TOPPAN株式会社
製本所……ナショナル製本協同組合

定価はカバーに表示してあります。

ISBN 978-4-08-721176-4 C0236

a pilot of wisdom

a pilot of wisdom

- ルポ 漂流する民主主義　真鍋弘樹
- ルポ ひきこもり未満　池上正樹
- 中国人のこころ「ことば」からみる思考と感覚　小野秀樹
- わかりやすさの罠 池上流「知る力」の鍛え方　池上 彰
- メディアは誰のものか ――「本と新聞の大学」講義録　一色 清／姜尚中 ほか
- 京大的アホがなぜ必要か　酒井 敏
- 天井のない監獄 ガザの声を聴け！　清田明宏
- 限界のタワーマンション　榊 淳司
- 日本人は「やめる練習」がたりてない　野本響子
- 俺たちはどう生きるか　大竹まこと
- 「他者」の起源 ノーベル賞作家のハーバード連続講演録　トニ・モリスン
- 言い訳 関東芸人はなぜM-1で勝てないのか　ナイツ 塙 宣之
- 自己検証・危険地報道　安田純平 ほか
- 都市は文化《アート》でよみがえる　大林剛郎
- 「言葉」が暴走する時代の処世術　太田 光／山極寿一
- 性風俗シングルマザー　坂爪真吾
- 美意識の値段　山口 桂
- ストライキ2.0 ブラック企業と闘う武器　今野晴貴
- 香港デモ戦記　小川善照
- ことばの危機 大学入試改革・教育政策を問う　東京大学文学部広報委員会・編
- 国家と移民 外国人労働者と日本の未来　鳥井一平
- LGBTとハラスメント　神谷悠一／松岡宗嗣
- 変われ！ 東京 自由で、ゆるくて、閉じない都市　隈 研吾／清野由美
- 東京裏返し 社会学的街歩きガイド　吉見俊哉
- 人に寄り添う防災　片田敏孝
- プロパガンダ戦争 分断される世界とメディア　内藤正典
- イミダス 現代の視点2021　イミダス編集部・編
- 中国法「依法治国」の公法と私法　小口彦太
- 福島が沈黙した日 原発事故と甲状腺被ばく　榊原崇仁
- 女性差別はどう作られてきたか　中村敏子
- 原子力の精神史――〈核〉と日本の現在地　山本昭宏
- ヘイトスピーチと対抗報道　角南圭祐
- 世界の凋落を見つめて クロニクル2011-2020　四方田犬彦
- 「自由」の危機 ――息苦しさの正体　藤原辰史／内田 樹 ほか

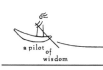